Eric Fèvre

Vergleichung des verfassungsrechtlichen Verhältnisses zwischen Staats- und Regierungschef in Deutschland und Frankreich

Eric Fèvre

Vergleichung des verfassungsrechtlichen Verhältnisses zwischen Staats- und Regierungschef in Deutschland und Frankreich

Tectum Verlag

Eric Fèvre

Vergleichung des verfassungsrechtlichen Verhältnisses zwischen
Staats- und Regierungschef in Deutschland und Frankreich

ISBN: 978-3-8288- 4295-3
E-Book: 978-3-8288- 7206-6

Printed in Germany

Besuchen Sie uns im Internet
www.tectum-verlag.de

Bibliografische Informationen der Deutschen Nationalbibliothek
Die Deutsche Nationalbibliothek verzeichnet diese Publikation in der Deutschen Nationalbibliografie; detaillierte bibliografische Angaben sind im Internet über http://dnb.d-nb.de abrufbar.

Inhaltsverzeichnis

Literaturverzeichnis

Adamovich, Ludwig, Der österreichische Bundespräsident als Grenzwächter des Gesetzgebers, in: Herdegen, Matthias/Klein, Hans Hugo/Papier, Hans-Jürgen/Scholz, Rupert (Hrsg.), Staatsrecht und Politik, Festschrift für Roman Herzog zum 75. Geburtstag, München, 2009, S. 1-6.

AFP, Réforme du Code du travail: des milliers de manifestants dans toute la France [Reform des Arbeitsgesetzbuch: Tausende Demonstranten in ganz Frankreich], 2017, abrufbar unter: http://www.lepoint.fr/politique/reforme-du-code-du-travail-macron-face-a-l-epreuve-de-la-rue-et-des-greves-12-09-2017-2156188_20.php (Stand: 18.06.2018).

Alemagna, Lilian/Bretton, Laure, Avec son Congrès, Macron court-circuite Matignon [Mit seinem Kongress schließt Macron Matignon – Sitz des Regierungschefs – kurz], 2017, abrufbar unter: http://www.liberation.fr/france/2017/06/28/avec-son-congres-macron-court-circuite-matignon_1580307 (Stand: 18.06.2018).

ANSA, Fiducia al Senato e alla Camera – Parte il governo Gonte [Vertrauen sowohl vom Senat als auch von der Abgeordnetenkammer – Die Regierung Conte startet], 2018, abrufbar unter: http://www.ansa.it/sito/notizie/politica/2018/06/06/governo-fiducia-camera-conte_2c51cf80-d0c3-46d0-9fc0-e4ea60ef732d.html (Stand: 18.06.2018).

Ardant, Philippe/Mathieu, Bertrand, Droit constitutionnel et institutions politiques [Verfassungsrecht und politische Institutionen], 29. Aufl., Issy-les-Moulineaux, 2017.

Assemblée Nationale, Motions de censure depuis 1958 [Misstrauensvota seit 1958], 2015, abrufbar unter: http://www.assemblee-nationale.fr/connaissance/engagements-49-2.asp (Stand: 18.06.2018).

Id., Engagements de responsabilité du Gouvernement et motions de censure depuis 1958 [Einsatz der Regierungsverantwortung und Misstrauensvota seit 1958], 2016, abrufbar unter: http://www.ass

emblee-nationale.fr/connaissance/engagements-49-3.asp (Stand: 18.06.2018).

Id., Engagements de responsabilité du Gouvernement sur son programme ou sur une déclaration de politique générale depuis 1958 [Einsatz seit 1958 der Regierungsverantwortung auf ihr Programm oder auf eine Erklärung über ihre allgemeine Politik], 2017, abrufbar unter: http://www.assemblee-nationale.fr/connaissance/engagements-49-1.asp (Stand: 18.06.2018).

Id., Fiche de synthèse n° 1: Présentation synthétique des institutions françaises [Synthesebogen Nr. 1: Synthetische Präsentation der französischen Institutionen], 2017, abrufbar unter: http://www2.assemblee-nationale.fr/decouvrir-l-assemblee/role-et-pouvoirs-de-l-assemblee-nationale/les-institutions-francaises-generalites/presentation-synthetique-des-institutions-francaises (Stand: 18.06.2018).

Id., Les élections législatives des 25 mai et 1er juin 1997 [Die legislativen Wahlen vom 25. Mai und 1. Juni 1997], o.A., abrufbar unter: http://www.assemblee-nationale.fr/connaissance/elections-1997.asp (Stand: 18.06.2018).

Id., Tous les gouvernements depuis 1958 [Alle Regierungen seit 1958], o.A., abrufbar unter: http://www2.assemblee-nationale.fr/decouvrir-l-assemblee/histoire/la-ve-republique/tous-les-gouvernements-depuis-1958 (Stand: 18.06.2018).

Audickas, Lukas/Hawkins, Oliver/Cracknell, Richard, UK Election Statistics: 1918-2017, 2017, abrufbar unter: researchbriefings.files.parliament.uk/documents/CBP-7529/CBP-7529.pdf (Stand: 18.06.2018).

Azzola, Axel (Hrsg.), GG, Kommentar zum Grundgesetz für die Bundesrepublik Deutschland, Band 2, Artikel 38–146, 2. Aufl., Neuwied; Darmstadt, 1989.

Badia, Gilbert, Histoire de l'Allemagne contemporaine, 1933-1962 [Geschichte des heutigen Deutschlands, 1933-1962], Band II, Paris, 1964.

Badura, Peter, Staatsrecht, Systematische Erläuterung des Grundgesetzes, 7. Aufl., München, 2018.

Balladur, Edouard (unter seinem Vorsitz), Une Ve République plus démocratique [Eine demokratischere Fünfte Republik], Comité de réflexion et de proposition sur la modernisation et le rééquilibrage des institutions de la Ve République [Reflexions- und Vorschlagsskomitee für eine Modernisierung und ein besseres Gleichgewicht der Institutionen der Fünften Republik], Paris, 2007.

Bayerischer Landtag, Fraktionsstärken nach den Landtagswahlen von 1946 bis 2013, o.A., abrufbar unter: https://www.bayern.landtag.de/fileadmin/Internet_Dokumente/Fraktionsstaerken.pdf (Stand: 18.06.2018).

Bayernkurier, Sondierung, FDP lässt Jamaika platzen, 2017, abrufbar unter: https://www.bayernkurier.de/inland/30099-fdp-laesst-jamaika-platzen/ (Stand: 18.06.2018).

Belaich, Charlotte, Ces phrases qui montrent l'impuissance des Premiers ministres [Diese Äußerungen, die die Ohnmacht der Premierminister zeigen], 2017, abrufbar unter: http://www.liberation.fr/france/2017/07/04/ces-phrases-qui-montrent-l-impuissance-des-premiers-ministres_1581490 (Stand: 18.06.2018).

Béraud, Anne-Laetitia/Pereira, Acacio/Sulzer, Alexandre, François Fillon: « Nicolas Sarkozy a prouvé qu'il savait faire face aux crises » [Premier François Fillon: „Präsident Nicolas Sarkozy hat bewiesen, dass er mit Krisen fertig werden konnte"], 2012, abrufbar unter: https://www.20minutes.fr/elections/917659-20120416-francois-fillon-nicolas-sarkozy-prouve-savait-faire-face-crises (Stand: 18.06.2018).

Berstein, Serge, L'opposant [Der Opponent], o.A., abrufbar unter: http://fresques.ina.fr/mitterrand/parcours/0009/l-opposant.html (Stand: 18.06.2018).

Bieler, Dirk, Berliner Kommentar zum Grundgesetz, Berlin, 1997.

Bigaut, Christian, in: La cohabitation dans la vie politique française, Questions à Christian Bigaut [Die Kohabitation im französischen politischen Leben, Fragen an Christian Bigaut], 2002, abrufbar unter: http://www.ladocumentationfrancaise.fr/dossiers/d000132-la-cohabitation-dans-la-vie-politique-francaise/questions-a-christian-bigaut# (Stand: 18.06.2018).

Birnbaum, Robert, Steinmeier empfing Merkel, Seehofer und Schulz, 2017, abrufbar unter: https://www.tagesspiegel.de/politik/regierungsbildung-steinmeier-empfing-merkel-seehofer-und-schulz/20657860.html (Stand: 18.06.2018).

Blachèr, Philippe, Travaux dirigés de droit constitutionnel [Geführte Arbeiten im Verfassungsrecht], Paris, 2016.

Blank, Michael/Fangmann, Helmut/Hammer, Ulrich, Grundgesetz, Basiskommentar, Mit der aktuellen Verfassungsreform, 2. Aufl., Köln, 1996.

Börnsen, Wenke, SPD wird Oppositionspartei – Flucht nach vorn, 2017, abrufbar unter: https://www.tagesschau.de/inland/btw17/schulz-spd-opposition-103.html (Stand: 18.06.2018).

Bonté, Amélie, Nouvelle journée de manifestation contre les "ordonnances Macron" [Neuer Demonstrationstag gegen die „Macron Verordnungen"], 2017, abrufbar unter: https://www.francebleu.fr/infos/politique/nouvelle-journee-de-manifestation-contre-les-ordonnances-macron-1508321009 (Stand: 18.06.2018).

Boudet, Alexandre, Motion de censure : Georges Pompidou, le seul Premier ministre renversé [Misstrauensvotum: Georges Pompidou als einziger Premierminister, der gestürzt wurde], 2015, abrufbar unter: https://www.huffingtonpost.fr/2015/02/19/motion-de-censure-georges-pompidou-seul-premier-ministre-renverser_n_6706602.html (Stand: 18.06.2018).

Bräutigam, Frank, FAQ zur Regierungsbildung, Das „Heft des Handelns" und viel Neuland, 2017, abrufbar unter: https://www.tagesschau.de/inland/regierungsbildung-faq-101.html (Stand: 18.06.2018).

British Monarchist Foundation, Duties, Rights And Powers Of H.M. The Queen, o.A., abrufbar unter: https://bmsf.org.uk/about-the-monarchy/the-queen/duties-rights-and-powers-of-h-m-the-queen/ (Stand: 18.06.2018).

Brunet, Romain, France : les législatives, futur « troisième tour » de l'élection présidentielle [Frankreich: Die legislativen Wahlen als zukünftige „dritte Runde“ der Präsidentschaftswahl], 2017, abrufbar unter: http://www.france24.com/fr/20170324-france-legislatives-troisieme-tour-presidentielle-le-pen-macron-majorite-parlementaire (Stand: 18.06.2018).

Buckley, F. H./Metzger, Gillian, Common Interpretation, Twenty-Second Amendment, o.A., abrufbar unter: https://constitution center.org/interactive-constitution/amendments/amendment-xxii (Stand: 18.06.2018).

Bundesministerium der Finanzen, Bundeshaushalt, Bundespräsident und Bundespräsidialamt 2016, abrufbar unter: https://www.bundeshaushalt-info.de/#/2016/soll/ausgaben/einzelplan/01.html (Stand: 18.06.2018).

Bundeszentrale für politische Bildung, Bundestagswahlen 1949-2009, 2005, abrufbar unter: https://www.bpb.de/politik/wahlen/bundestagswahlen/62559/bundestagswahlen-1949-2009 (Stand: 18.06.2018).

Caporal-Gréco, Stéphane/Esplugas-Labatut, Pierre/Ségur, Philippe/Torcol, Sylvie, Droit constitutionnel [Verfassungsrecht], Paris, 2017.

Caspari, Lisa, Sondierungsgespräche, Union und SPD starten entscheidende Verhandlungen, 2018, abrufbar unter: https://www.zeit.de/politik/deutschland/2018-01/sondierungsgespraeche-spd-unionsparteien-spitzentreffen (Stand: 18.06.2018).

CDU, 30. Parteitag in Berlin 2018, 2018, abrufbar unter: https://www.cdu.de/artikel/30-parteitag-berlin-2018 (Stand: 18.06.2018).

CDU/CSU-Fraktion im Deutschen Bundestag, CDU/CSU und SPD wollen Koalitionsverhandlungen beginnen, 2013, abrufbar unter: https://www.cducsu.de/themen/parteien/cducsu-und-spd-wollen-koalitionsverhandlungen-beginnen (Stand: 18.06.2018).

Chaban-Delmas, Jacques, L'ardeur [Die Eifer], Paris, 1975.

Chagnollaud, Dominique/Quermonne, Jean-Louis, La Ve République, Tome 1: Le pouvoir exécutif et l'administration [Die Fünfte Republik, Band 1: Die exekutive Macht und die Verwaltung], Paris, 2000.

Chantebout, Bernard, Droit constitutionnel, à jour août 2015 [Verfassungsrecht, Stand: August 2015], 32. Aufl., Paris, 2015.

Ciesinger, Ruth/Portmann, Kai, „Steinmeier spricht mit FDP-Chef Lindner und Grünen", 2017, abrufbar unter: https://www.tagesspiegel.de/politik/scheitern-der-jamaika-sondierung-steinmeier-spricht-mit-fdp-chef-lindner-und-gruenen/20605026.html (Stand: 18.06.2018).

Cohendet, Marie-Anne, Cohabitation et constitution [Kohabitation und Verfassung], Pouvoirs 1999, Nr. 91, S. 33-57.

Id., Droit constitutionnel, Conseils de méthodes, Sujets d'examens et exercices corrigés [Verfassungsrecht, Methodologische Ratschläge, Prüfungsthemen und korrigierte Übungen], 3. Aufl., Issy-les-Moulineaux, 2017.

Collinson, Stephen, Trump's three-front legal war turns on sex, money and Russia, 2018, abrufbar unter: https://edition.cnn.com/2018/03/29/politics/donald-trump-legal-battles-robert-mueller-stormy-daniels/index.html (Stand: 18.06.2018).

Conseil constitutionnel, La Constitution du 4 octobre 1958 [Die Verfassung vom 4. Oktober 1958], o.A., abrufbar unter: http://www.conseil-constitutionnel.fr/conseil-constitutionnel/francais/la-constitution/la-constitution-du-4-octobre-1958/la-constitution-du-4-octobre-1958.5071.html (Stand: 18.06.2018).

Conze, Eckart, Regierungsbildung, Das alte Weimarer Drama?, 2017, abrufbar unter: https://www.zeit.de/2017/49/regierungsbildung-spd-grosse-koalition-weimar-reichstag (Stand: 18.06.2018).

Corlay, Antoine, Comment s'appliquerait le référendum révocatoire de Jean-Luc Mélenchon ? [Wie würde Jean-Luc Mélenchons widerrufende Referendum angewandt werden?], 2017, abrufbar unter: http://www.lemonde.fr/election-presidentielle-2017/article/2017/04/21/comment-s-appliquerait-le-referendum-revocatoire-de-jean-luc-melenchon_5115264_4854003.html (Stand: 18.06.2018).

Corse-Matin, La Corse dans la Constitution, des enjeux concrets dit le président Talamoni [Korsika in der Verfassung, Konkretes auf dem Spiel, sagt der Präsident der korsichen Regionalversammlung Talamoni], 2018, abrufbar unter: https://www.corsematin.com/article/article/la-corse-dans-la-constitution-des-enjeux-concrets-dit-le-president-talamoni (Stand: 18.06.2018).

Custodero, Alberto, Scontro istituzionale sul nuovo governo. Conte rinuncia, Mattarella convoca Cottarelli. "No a un ministro dell'Economia antieuro". E Di Maio e Meloni invocano impeachment [Institutionskonflikt um der neuen Regierung. Conte verzichtet, Mattarella bestellt Cotarelli ein. „Nein zu einem anti-Euro Wirtschaftsminister". Sowohl M5S-Parteiführer Di Maio als auch FdI-Parteiführerin Meloni fordern die Amtsenthebung des Staatspräsidenten], 2018, abrufbar unter: http://www.repubblica.it/politica/2018/05/27/news/il_premier_in caricato_rimette_il_mandato-197504092/ (Stand: 18.06.2018).

Dauteribes, André, Le Premier ministre, Le Premier ministre en France et en Grande-Bretagne. [Der Premierminister, Der Premierminister in Frankreich und in Großbritannien.], in: Verpeaux, Michel (Hrsg.), Les annales du droit 2017, Droit constitutionnel [Die Annalen des Rechts 2017, Verfassungsrecht], 2016, S. 162-175.

Debbasch, Roland, Droit constitutionnel [Verfassungsrecht], 11. Aufl., Paris, 2017.

Debré, Michel, Rede vor dem Staatsrat am 27. August 1958 – abrufbar unter: http://mjp.univ-perp.fr/textes/debre1958.htm (Stand: 18.06.2018).

De Gaulle, Charles, Discours et Messages [Reden und Mitteilungen], Tome II : Dans l'attente 1946-1958 [Band II: In der Erwartung 1946-1958], Paris, 1970.

Id., Mémoires d'espoir, Tome I : Le renouveau 1958-1962 [Memoiren der Hoffnung, Band I : Die Erneuerung 1958-1962], Paris, 1970.

Degenhart, Christoph, Klausurenkurs im Staatsrecht I, Staatsorganisationsrecht, Grundrechte, Verfassungsprozessrecht, Ein Fall- und Repetitionsbuch für Anfänger, 4. Aufl., Heidelberg, 2016.

Id., Staatsrecht I, Staatsorganisationsrecht, Mit Bezügen zum Europarecht, 33. Aufl., Heidelberg, 2017.

Der Bundespräsident, Amtliche Funktionen, o.A., abrufbar unter: http://www.bundespraesident.de/DE/Amt-und-Aufgaben/Wirken-im-Inland/Amtliche-Funktionen/amtliche-funktionen.html (Stand: 18.06.2018).

Der Bundeswahlleiter, Bundestagswahl 2013, Ergebnisse, 2013, abrufbar unter: https://www.bundeswahlleiter.de/bundestagswahlen/2013/ergebnisse.html (Stand: 18.06.2018).

Id., Bundestagswahl 2017, Ergebnisse, 2017, abrufbar unter: https://www.bundeswahlleiter.de/bundestagswahlen/2017/ergebnisse.html (Stand: 18.06.2018).

DER SPIEGEL, 49. Ausgabe 1964.

Id., 48. Ausgabe 2017.

De Ridder, Alfred, La Belgique et la Guerre [Belgien und der Krieg], Band IV, Histoire diplomatique 1914-1918 [Diplomatische Geschichte 1914-1918], 3. Aufl., Brüssel, 1928.

DER STANDARD, Van der Bellen will Vilimsky und Gudenus nicht angeloben, Zuvor hatte der Bundespräsident in informellen Gesprächen schon vor einem blauen Innen- und Außenminister gewarnt, 2017, abrufbar unter: https://derstandard.at/2000067879347/Van-der-Bellen-nennt-Vilimsky-und-Gudenus-nicht-ministrabel (Stand: 18.06.2018).

Detjen, Stephan, Die Präsidentschaftskrise, 1999, abrufbar unter: http://www.deutschlandfunk.de/die-praesidentschaftskrise.934.de.html?dram:article_id=131551 (Stand: 18.06.2018).

Deutscher Bundestag, Zusammensetzung nach Parteien und Ländern sowie nach Mitgliedern und Nicht-Mitgliedern von Landesparlamenten, o.A., abrufbar unter: https://www.bundestag.de/blob/486486/f9e4458ee186c8af60505e8156a1518d/03-

zusammensetzung-nach-parteien-und-laendern-sowie-nach-mitgliedern-und-nicht-mitgliedern-der-landesparlamente-data.xlsx (Stand: 18.06.2018).

Id., 11. Bundesversammlung der Bundesrepublik Deutschland, Berlin, Sonntag, den 23. Mai 1999, abrufbar unter: https://www.bundestag.de/blob/486420/be69c53c0669baac7f3e22b893fef600/04-stenografischer-bericht-data.pdf (Stand: 18.06.2018).

Id., 14. Bundesversammlung der Bundesrepublik Deutschland, Berlin, Mittwoch, den 30. Juni 2010 – Neudruck –, abrufbar unter: https://www.bundestag.de/blob/486524/73c297a886873f943f86b1d42c2755e7/04-stenografischer-bericht-data.pdf (Stand: 18.06.2018).

Id., Die Bundesversammlungen seit 1949 – Dokumentation, o.A., abrufbar unter: https://www.bundestag.de/parlament/aufgaben/bundesversammlung/bundesversammlungen_seit_1949 (Stand: 18.06.2018).

Id., Bundestagswahlergebnisse seit 1949 - Zweitstimmen, o.A., abrufbar unter: https://www.bundestag.de/parlament/wahlen/ergebnisse_seit1949/244692 (Stand: 18.06.2018).

Id., Angela Merkel mit 364 Stimmen zur Bundeskanzlerin gewählt, 2018, abrufbar unter: https://www.bundestag.de/dokumente/textarchiv/2018/kw11-de-kanzlerwahl/546336 (Stand: 18.06.2018).

Die Bundeskanzlerin, Wie geht es weiter mit der Regierungsbildung?, 2018, abrufbar unter: https://www.bundeskanzlerin.de/Content/DE/Artikel/2017/10/2017-10-24-faq-regierungsbildung.html?nn=614982#doc2273622bodyText9 (Stand: 18.06.2018).

Die Bundesregierung, Regierungspressekonferenz vom 20. November 2017, 2017, abrufbar unter: https://www.bundesregierung.de/Content/DE/Mitschrift/Pressekonferenzen/2017/11/2017-11-20-regpk.html (Stand: 18.06.2018).

Id., Wie geht es weiter mit der Regierungsbildung?, 2018, abrufbar unter: https://www.bundesregierung.de/Content/DE/Artikel/2017/10/2017-10-24-faq-regierungsbildung.html (Stand: 18.06.2018).

Id., Neue Regierung im Amt, Merkel erneut zur Kanzlerin gewählt, 2018, abrufbar unter: https://www.bundesregierung.de/Content/DE/Artikel/2018/03/2018-03-14-wahl-im-bundestag.html (Stand: 18.06.2018).

Die Welt, vom 08.04.1972.

Id., Merkel: Die stärkste Fraktion stellt den Kanzler, 2005, abrufbar unter: https://www.welt.de/politik/article165796/Merkel-Die-staerkste-Fraktion-stellt-den-Kanzler.html (Stand: 18.06.2018).

Direction de l'information légale et administrative, Qu'est-ce que le domaine réservé ? [Was ist das reservierte Fachgebiet?], 2018, abrufbar unter: http://www.vie-publique.fr/decouverte-institu tions/institutions/approfondissements/qu-est-ce-que-domaine-reserve.html (Stand: 18.06.2018).

Doering, Kai, Welche Rolle Bundespräsident Steinmeier bei der Regierungsbildung spielt, 2017, abrufbar unter: https://www.vorwaerts.de/artikel/welche-rolle-bundespraesident-steinmeier-regierungsbildung-spielt (Stand: 18.06.2018).

dpa, Gauck willigt in Diätenerhöhung ein, 2014, abrufbar unter: https://www.zeit.de/politik/deutschland/2014-07/gauck-diaeten-bundestag-zustimmung (Stand: 18.06.2018).

Id., Bundespräsident, Umfrage: Mehrheit für Steinmeier als Bundespräsidenten, 2016, abrufbar unter: http://www.sueddeutsche.de/news/politik/bundespraesident-umfrage-mehrheit-fuer-steinmeier-als-bundespraesidenten-dpa.urn-newsml-dpa-com-20090101-160610-99-251676 (Stand: 18.06.2018).

Id., Bundespräsident, Umfrage: Große Mehrheit für Direktwahl des Bundespräsidenten, 2017, abrufbar unter: https://www.zeit.de/news/2017-02/07/bundespraesident-umfrage-grosse-mehrheit-fuer-direktwahl-des-bundespraesidenten-07115803 (Stand: 18.06.2018).

Id., „Ich erwarte Gesprächsbereitschaft": Steinmeiers Rede zum Jamaika-Aus im Wortlaut, 2017, abrufbar unter: https://www.merkur.de/politik/unverstaendnis-und-sorge-gross-steinmeiers-rede-zum-jamaika-aus-im-wortlaut-zr-9378675.html (Stand: 18.06.2018).

Id., Merkel strikt gegen Neuwahlen, 2017, abrufbar unter: https://www.welt.de/regionales/hamburg/article170953624/Merkel-strikt-gegen-Neuwahlen.html (Stand: 18.06.2018).

dpa/fas, Merkel lädt CDU-Parteispitze zur Krisensitzung, 2017, abrufbar unter: https://www.welt.de/politik/deutschland/article170773287/Merkel-laedt-CDU-Parteispitze-zur-Krisensitzung.html (Stand: 18.06.2018).

Dreier, Horst (Hrsg.), GG, Grundgesetz Kommentar, Band II, Artikel 20–82, 3. Aufl., Tübingen, 2015; Band III, Artikel 83–146, 3. Aufl., Tübingen, 2018.

Duchemin, Rémi, Législatives : le troisième tour de la présidentielle a commencé [Legislative Wahlen : Die dritte Runde der Präsidentschaftswahl hat angefangen], 2017, abrufbar unter: http://www.europe1.fr/politique/legislatives-le-troisieme-tour-de-la-presidentielle-a-commence-3311330 (Stand: 18.06.2018).

El País, Catalan election: separatists win most seats, Ciudadanos the most-voted party, 2017, abrufbar unter: https://elpais.com/elpais/2017/12/21/inenglish/1513880840_020831.html (Stand: 18.06.2018).

Elysée, René Coty (1882-1962), o.A., abrufbar unter: http://www.elysee.fr/la-presidence/rene-coty/ (Stand: 18.06.2018).

Id., L'investiture de Georges Pompidou [Die Amtseinführung von Georges Pompidou], o.A., abrufbar unter: http://www.elysee.fr/la-presidence/l-investiture-de-georges-pompidou/ (Stand: 18.06.2018).

Id., Alain Poher (1909-1996), o.A., abrufbar unter: http://www.elysee.fr/la-presidence/alain-poher-1909-199/ (Stand: 18.06.2018).

Id., Emmanuel Macron - Biographie, 2017, abrufbar unter: http://www.elysee.fr/la-presidence/emmanuel-macron-biographie/ (Stand: 18.06.2018).

Id., Budget, 2017, abrufbar unter: http://www.elysee.fr/actualites/article/budget-2/ (Stand: 18.06.2018).

Encaoua, Myriam/Vernet, Henri, Législatives: et maintenant… le troisième tour [Legislative Wahlen: und nun… die dritte Runde], 2017, abrufbar unter: http://www.leparisien.fr/politique/legislatives-et-maintenant-le-troisieme-tour-09-05-2017-6930927.php (Stand: 18.06.2018).

Epping, Volker/Hillgruber, Christian (Hrsg.), Beck'scher Online-Kommentar, Stand: 36. Edition 01.06.2017, München, 2017.

Faure, Bertrand, Le président de la République, L'ambiguité du rôle du chef de l'État sous la Ve République. [Der Präsident der Republik, Die Mehrdeutigkeit der Rolle des Staatschefs unter der Fünften Republik.], in: Verpeaux, Michel (Hrsg.), Les annales du droit 2017, Droit constitutionnel [Die Annalen des Rechts 2017, Verfassungsrecht], 2016, S. 154-161.

Favoreu, Louis, Le principe de constitutionnalité. Essai de définition d'après la jurisprudence du Conseil constitutionnel [Das Verfassungsmäßigkeitsprinzip. Versuch einer Definition nach der Rechtsprechung des Verfassungsrates], in: Recueil d'études en hommage à Charles Eisenmann [Festschrift für Charles Eisenmann], Paris, 1975

Favoreu, Louis/Gaïa, Patrick/Ghevontian, Richard/Mestre, Jean-Louis/Pfersmann, Otto/Roux, André/Scoffoni, Guy, Droit constitutionnel [Verfassungsrecht], 20. Aufl., Paris, 2017.

FAZ, 18.03.2004.

Federal Judicial Center, FDR's „Court-Packing“ Plan, o.A., abrufbar unter: https://www.fjc.gov/history/timeline/fdrs-court-packing-plan (Stand: 18.06.2018).

Ferber, Martin, Wiedergewählt: Angela Merkel, die Dritte, 2013, abrufbar unter: https://www.augsburger-allgemeine.de/politik/Wiedergewaehlt-Angela-Merkel-die-Dritte-id28154937.html (Stand: 18.06.2018).

Ferrante, Patrick, Futuna: intronisation sans incident à Sigave [Futuna: Inthronisierung ohne Inzidente in Sigave], 2016, abrufbar unter: https://la1ere.francetvinfo.fr/wallisfutuna/futuna-intronisation-sans-incident-sigave-338412.html (Stand: 18.06.2018).

Fraisseix, Patrick, Droit constitutionnel, Tout le cours + des conseils méthodologiques [Verfassungsrecht, Der gesamte Stoff + methodologische Ratschläge], 6. Aufl., Paris, 2013.

France Info, Législatives: François Baroin conduira la campagne de la droite [Wahlen zur Nationalversammlung: François Baroin wird die Kampagne der Rechten führen], 2017, abrufbar unter: https://www.francetvinfo.fr/elections/legislatives/legislatives-francois-baroin-conduira-la-campagne-de-la-droite_2172334.html (Stand: 18.06.2018).

Friauf, Karl Heinrich/Höfling, Wolfram (Hrsg.), Berliner Kommentar zum Grundgesetz, Stand: 20. Ergänzungslieferung IV/07, Berlin.

Gaillard, Barthélémy, Le couple exécutif, pour le meilleur et pour le pire [Für das Paar der Exekutive gilt: für die guten und schlechten Tage zusammen], 2014, abrufbar unter: http://www.europe1.fr/politique/le-couple-executif-pour-le-meilleur-et-pour-le-pire-1933481 (Stand: 18.06.2018).

Gathmann, Florian/Medick, Veit, Bundespräsident und die Regierungsbildung, Der Steinbeißer, 2017, abrufbar unter: http://www.spiegel.de/politik/deutschland/spd-und-frank-walter-steinmeier-der-bundespraesident-laesst-nicht-locker-a-1180130.html (Stand: 18.06.2018).

Gauck, Joachim, Ernennung des Bundeskabinetts, 2013, abrufbar unter: http://www.bundespraesident.de/SharedDocs/Reden/DE/Joachim-Gauck/Reden/2013/12/131217-Bundeskabinett.html (Stand: 18.06.2018).

Geis, Max-Emanuel, Examens-Repetitorium Staatsrecht, Staatsorganisationsrecht und Grundrechte, 2. Aufl., Heidelberg; München; Landsberg; Frechen; Hamburg, 2014.

Geslot, Christophe, L'équilibre des pouvoirs, L'équilibre des pouvoirs sous la Ve République. [Das Gleichgewicht der Mächte, Das Gleichgewicht der Mächte unter der Fünften Republik.], in: Verpeaux, Michel (Hrsg.), Les annales du droit 2017, Droit constitutionnel [Die Annalen des Rechts 2017, Verfassungsrecht], 2016, S. 190-199.

GfdS, Pressemitteilungen, GfdS wählt »Jamaika-Aus« zum Wort des Jahres 2017, 2017, abrufbar unter: https://gfds.de/wort-des-jahres-2017/ (Stand: 18.06.2018).

Gicquel, Jean/Gicquel, Jean-Éric, Droit constitutionnel et institutions politiques [Verfassungsrecht und politische Institutionen], 31. Aufl., Issy-les-Moulineaux, 2017.

Giese, Friedrich/Schunck, Egon, Grundgesetz für die Bundesrepublik Deutschland, vom 23. Mai 1949, 9. Aufl., Frankfurt am Main, 1976.

Goar, Matthieu, Législatives: la droite lance la bataille de la cohabitation [Wahlen zur Nationalversammlung: Die Rechte beginnt die Schlacht der Kohabitation], 2017, abrufbar unter: http://www.lemonde.fr/elections-legislatives-2017/article/2017/05/20/legislatives-la-droite-lance-la-bataille-de-la-cohabitation_5131150_5076653.html (Stand: 18.06.2018).

Gohin, Olivier, Droit constitutionnel [Verfassungsrecht], 3. Aufl., Paris, 2016.

Gouvernement, Démission du gouvernement [Rücktritt der Regierung], 2017, abrufbar unter: http://www.gouvernement.fr/demission-du-gouvernement (Stand: 18.06.2018).

Id., Projet de loi constitutionnelle : « pour une démocratie plus représentative, responsable et efficace » [Verfassungsgesetzentwurf: „für eine mehr repräsentative, verantwortliche und wirksame Demokratie"], 2018, abrufbar unter: https://www.gouvernement.fr/action/projet-de-loi-constitutionnelle-pour-une-democratie-plus-representative-responsable-et (Stand: 18.06.2018).

Id., Les Premiers ministres de la Ve République de 1958 à 2017 [Die Premierminister der Fünften Republik von 1958 bis 2017], o.A., abrufbar unter: https://www.gouvernement.fr/les-premiers-ministres-de-la-ve-republique-de-1958-a-2017 (Stand: 18.06.2018).

Id., Jacques Chaban-Delmas, o.A., abrufbar unter: https://www.gouvernement.fr/jacques-chaban-delmas, (Stand: 18.06.2018).

Gramm, Christof/Pieper, Stefan Ulrich, Grundgesetz, Bürgerkommentar, 3. Aufl., Bonn, 2015.

Gröpl, Christoph, Staatsrecht I, Staatsgrundlagen, Staatsorganisation, Verfassungsprozess, mit Einführung in das juristische Lernen, 9. Aufl., München, 2017.

Gröpl, Christoph/Windthorst, Kay/von Coelln, Christian, Studienkommentar GG, 3. Aufl., München, 2017.

Groß, Rudof, Zur geschäftsführenden Regierung, DÖV 1982 (Heft 24), S. 1008-1019.

Grupp, Klaus/ Stelkens, Ulrich/Trésoret, Julie-Andrée/Seifert, Olivia, Chefsache: Lösungsvorschlag zur Frage 1, 2018, abrufbar unter: http://www.saarheim.de/Faelle/chefsache-loesung1.htm (Stand: 18.06.2018).

Guyton, Patrick, Bundespräsident, Einmal darf Horst Seehofer „Cäsar“ sein, 2012, abrufbar unter: https://www.tagesspiegel.de/politik/bundespraesident-einmal-darf-horst-seehofer-caesar-sein/6225152.html (Stand: 18.06.2018).

Hamann, Andreas/Lenz, Helmut, Das Grundgesetz für die Bundesrepublik Deutschland vom 23. Mai 1949, 3. Aufl., Neuwied; Berlin, 1970.

Hamon, Francis/Troper, Michel, Droit constitutionnel [Verfassungsrecht], 38. Aufl., Issy-les-Moulineaux, 2017.

Handelsblatt, Merkel würde im Falle von Neuwahlen wieder als Kanzlerkandidatin antreten, 2017, abrufbar unter: http://www.handelsblatt.com/politik/deutschland/-jamaika-newsblog-merkel-wuerde-im-falle-von-neuwahlen-wieder-als-kanzler kandidatin-antreten/20605552.html (Stand: 18.06.2018).

Id., Steinmeier redet auch mit Fraktionschefs von Linkspartei und AfD, Bundespräsident Frank-Walter Steinmeier zitiert jeden Parteichef zum Gespräch. Und in der SPD werden ersten Stimmen laut, die Gesprächsbereitschaft über eine mögliche Große Koalition von der Parteiführung einfordern, 2017, abrufbar unter: http://www.handelsblatt.com/politik/deutschland/-jamaika-newsblog-steinmeier-redet-auch-mit-fraktionschefs-von-linkspartei-und-afd-/20615872.html (Stand: 18.06.2018).

Haquet, Arnaud, Droit constitutionnel en 11 thèmes, Avec exemples détaillés [Verfassungsrecht in 11 Themen, Mit detaillierten Beispielen], Paris, 2017.

Heinze, Arne-Patrick, Systematisches Fallrepetitorium Verfassungsrecht, Staatsorganisationsrecht, Grundrechte, Europarecht, Berlin; Boston, 2014.

Henze, Arnd, Ein Jahr als Bundespräsident, Mutmacher in den Fängen des Protokolls, 2018, abrufbar unter: http://www.tagesschau.de/inland/steinmeier-ein-jahr-101.html (Stand: 18.06.2018).

Herwarth von Bittenfeld, Hans-Heinrich, Von Adenauer zu Brandt, Erinnerungen, Berlin, 1990.

Hesselberger, Dieter, Das Grundgesetz, Kommentar für die politische Bildung, 13. Aufl., München, 2003.

Hildebrand, Tina, Wissenstraining Jura, BGB AT, StGB AT I, Staatsorganisationsrecht, Tübingen, 2018.

Höfling, Wolfram, Fälle zum Staatsorganisationsrecht, 5. Aufl., München, 2014.

Hömig, Dieter/Wolff, Heinrich Amadeus (Hrsg.), Grundgesetz für die Bundesrepublik Deutschland, 12. Aufl., Baden-Baden, 2018.

Hong, Mathias/Schiff, Alexander, Übungsklausur Staatsorganisationsrecht: Präsidiale Privatisierungsprüfung, ZJS 2013, 475-481.

ildenaro.it, Di Maio-Salvini: „Governo politico con Conte premier", Tria per l'Economia [M5S-Parteiführer Di Maio und Lega Nord-Parteiführer Salvini: „Politische Regierung mit Conte als Premier", Professor Tria für das Wirtschaftsministerium], 2018, abrufbar unter: https://www.ildenaro.it/di-maio-salvini-governo-politico-con-conte-premier-tria-per-leconomia/ (Stand: 18.06.2018).

INA [Institut National de l'Audiovisuel; Nationales Rundfunk- und Fernseharchiv], Pierre Messmer présente la démission du gouvernement / Sortie de l'Elysée [Pierre Messmer stellt den Rücktritt der Regierung vor / Ausgang aus dem Élysée-Palast], 1974, abrufbar unter: http://www.ina.fr/video/I00007081 (Stand: 18.06.2018).

Id., Lionel Jospin sur le quinquennat [Präsidentschaftskandidat Lionel Jospin bezüglich der fünfjährigen Amtszeit des Staatspräsidenten], 1995, abrufbar unter: https://www.ina.fr/video/I05081227 (Stand: 18.06.2018).

Id., Jacques Chirac „Je décide, il exécute" [Präsident Jacques Chirac: „Ich entscheide, er führt aus"], 2004, abrufbar unter: http://www.ina.fr/video/I12107928 (Stand: 18.06.2018).

Ipsen, Jörn, Staatsrecht I, Staatsorganisationsrecht, 29. Aufl., München, 2017.

Isensee, Josef/Kirchof, Paul (Hrsg.), Handbuch des Staatsrechts, Band II, Verfassungsstaat, 3. Aufl., Heidelberg, 2004.

Id., Handbuch des Staatsrechts, Band III, Demokratie – Bundesorgane, 3. Aufl., Heidelberg, 2005.

Jarass, Hans Dieter/Pieroth, Bodo, GG, Grundgesetz für die Bundesrepublik Deutschland, Kommentar, 14. Aufl., München, 2014.

Kämmerer, Jörn Axel, Staatsorganisationsrecht, 3. Aufl., München, 2016.

Kahl, Wolfgang/Waldhoff, Christian/Walter, Christian, Bonner Kommentar zum Grundgesetz, Stand: 178. Aktualisierung April 2016, Heidelberg, 2016.

Kellerhoff, Sven Felix, Als Lübke den Köhler machte, 2010, abrufbar unter: https://www.welt.de/politik/deutschland/article7862004/Als-Luebke-den-Koehler-machte.html (Stand: 18.06.2018).

Kerl, Christian, Exklusiv-Umfrage, Bundespräsident: Die meisten Deutschen wollen Steinmeier, 2016, abrufbar unter: https://www.abendblatt.de/politik/article207665063/Bundespraesident-Die-meisten-Deutschen-wollen-Steinmeier.html (Stand: 18.06.2018).

Kloepfer, Michael/Greve, Holger, Staatsrecht kompakt, Staatsorganisationsrecht – Grundrechte – Bezüge zum Völker-und Europarecht, 2. Aufl., Baden-Baden, 2016.

Knesset, What is a „rotation"? When was there "rotation" in the Knesset and in the Government?, o.A., abrufbar unter: https://www.knesset.gov.il/main/eng/trivia/trivia_details_eng.asp?t_id=23 (Stand: 18.06.2018).

Kock, Kai-Uwe/Stüwe, Richard, Öffentliches Recht und Europarecht, Staats- und Verfassungsrecht, Primärrecht der Europäischen Union, Allgemeines Verwaltungsrecht, 6. Aufl., Herne, 2016.

Köhler, Horst, Ansprache von Bundespräsident Horst Köhler an das Kabinett von Bundeskanzlerin Angela Merkel, 2005, abrufbar unter: http://www.bundespraesident.de/SharedDocs/Reden/DE/Horst-Koehler/Reden/2005/11/20051122_Rede.html (Stand: 18.06.2018).

Id., Ansprache von Bundespräsident Horst Köhler aus Anlass der Ernennung des Bundeskabinetts, 2009, abrufbar unter: http://www.bundespraesident.de/SharedDocs/Reden/DE/Horst-Koehler/Reden/2009/10/20091028_Rede.html (Stand: 18.06.2018).

Korioth, Stefan, Staatsrecht I, Staatsorganisationsrecht unter Berücksichtigung europäischer und internationaler Bezüge, 3. Aufl., Stuttgart, 2016.

La Documentation française, Pratiques de cohabitation [Kohabitationspraktiken], 2002, abrufbar unter: http://www.ladocumentationfrancaise.fr/dossiers/d000132-la-cohabitation-dans-la-vie-politique-francaise/pratiques-de-cohabitation (Stand: 18.06.2018).

Id., L'élection présidentielle du 21 décembre 1958 [Die Präsidentschaftswahl vom 21. Dezember 1958], 2012, abrufbar unter: http://www.ladocumentationfrancaise.fr/dossiers/elections-presidentielles-cinquieme-republique/election-1958.shtml (Stand: 18.06.2018).

Larcher, Gérard, Tweet vom 30. März 2018, abrufbar unter: https://twitter.com/gerard_larcher/status/979679514371526656 (Stand: 18.06.2018).

L'avenir en commun, Mélenchon 2017, Changer de République pour faire place au Peuple, [Die Republik wechseln, um für das Volk Platz zu machen], 2017, abrufbar unter: https://avenirencommun.fr/livret-assemblee-constituante/ (Stand 18.06.2018).

Le Figaro, Pour le chef de l'État, Fillon est un „collaborateur" [Für den Staatschef ist Premier Fillon ein „Mitarbeiter"], 2007, abrufbar unter: http://www.lefigaro.fr/politique/2007/08/23/01002-20070823ARTFIG90230-pour_le_chef_de_l_etat_fillon_est_un_collaborateur.php (Stand: 18.06.2018).

Leibholz, Gerhard Rinck, Hans-Justus, Grundgesetz für die Bundesrepublik Deutschland, Kommentar an Hand der Rechtsprechung des Bundesverfassungsgerichts, 4. Aufl., Köln-Marienburg, 1971.

Lemarié, Alexandre, SNCF: l'opposition reproche à l'exécutif de « contourner le Parlement » avec les ordonnances [SNCF: Die Opposition wirft der Exekutive vor, mit den Verordnungen „das Parlament zu übergehen"], 2018, abrufbar unter: https://www.lemonde.fr/politique/article/2018/02/28/sncf-l-opposition-reproche-a-l-executif-de-contourner-le-parlement-avec-les-ordonnances_5263549_823448.html (Stand: 18.06.2018).

Le Monde, Tous les programmes des candidats à la présidentielle 2007 [Alle Programme der Kandidaten bei der Präsidentschaftswahl 2007], 2007, abrufbar unter: http://www.lemonde.fr/societe/article_interactif/2006/10/16/tous-les-programmes_822922_3224.html (Stand: 18.06.2018).

Le Pourhiet, Anne-Marie, Droit constitutionnel [Verfassungsrecht], 8. Aufl., Paris, 2017.

Le Républicain Lorrain, Un exercice monarchique du pouvoir [Eine monarchistische Ausübung der Macht]vom 7. Mai 2018.

Les Echos, Les Français sont de plus en plus attachés à la cohabitation, selon Sofres [Laut dem demoskopischen Institut Sofres wird die Kohabitation immer beliebter unter den Franzosen], 1999, abrufbar unter: https://www.lesechos.fr/23/02/1999/LesEchos/17843-011-ECH_les-francais-sont-de-plus-en-plus-attaches-a-la-cohabitation--selon-la-sofres.htm (Stand: 18.06.2018).

Id., Inversion du calendrier électoral : Lionel Jospin pressé d'aboutir [Premier Lionel Jospin drängt um die Umdrehung des Wahlkalenders], 2000, abrufbar unter: https://www.lesechos.fr/29/11/2000/LesEchos/18289-003-ECH_inversion-du-calendrier-electoral---lionel-jospin-presse-d-aboutir.htm (Stand: 18.06.2018).

Levade, Anne, Le président de la République, Faut-il renoncer à l'élection au suffrage universel direct du président de la République ? [Der Präsident der Republik, Muss man an einer allgemeinen Direktwahl des Präsidenten der Republik verzichten?], in: Verpeaux, Michel (Hrsg.), Les annales du droit 2017, Droit constitutionnel [Die Annalen des Rechts 2017, Verfassungsrecht], 2016, S. 104-113.

L'Express, Nicolas Sarkozy, l'ex-chef de l'État éliminé de la primaire à droite pour 2017 [Nicolas Sarkozy, ehemaliger Staatschef bei der Urwahl der Rechten für 2017 durchgefallen], o.A., abrufbar unter: https://www.lexpress.fr/actualite/politique/lr/nicolas-sarkozy-president-de-l-ump_1627363.html (Stand : 18.06.2018).

Liabot, Thomas, À Dijon, Cazeneuve appelle les socialistes à voter Macron [In Dijon ruft Premier Cazeneuve die Sozialisten dazu auf, den Präsidentschaftskandidaten Macron zu wählen], 2017, abrufbar unter: https://www.lejdd.fr/politique/a-dijon-cazeneuve-appelle-les-socialistes-a-voter-macron-3318434 (Stand: 18.06.2018).

L'Obs, Sommet européen délicat pour Chirac et Jospin [Heikles europäisches Gipfeltreffen für Präsident Chirac und Premier Jospin], 2002, abrufbar unter: https://www.nouvelobs.com/economie/20020315.OBS3984/sommet-europeen-delicat-pour-chirac-et-jospin.html (Stand: 18.06.2018).

Id., De Gaulle plus grand Français de tous les temps [De Gaulle größter Franzose aller Zeiten], 2005, abrufbar unter:

https://www.nouvelobs.com/culture/20050405.OBS3037/de-gaulle-plus-grand-francais-de-tous-les-temps.html (Stand: 18.06.2018).

Id., Ségolène Royal propose une „VIe République" [Die Präsidentschaftskandidatin Ségolène Royal schlägt eine Sechste Republik vor], 2007, abrufbar unter: https://www.nouvelobs.com/politique/elections-2007/20070318.OBS7656/segolene-royal-propose-une-vie-republique.html (Stand: 18.06.2018).

von Lucius, Robert, Kommissarischer Bundespräsident, Jens Böhrnsen – Der Stille aus dem Norden, 2010, abrufbar unter: http://www.faz.net/aktuell/politik/bundespraesidentenwahl/kommissarischer-bundespraesident-jens-boehrnsen-der-stille-aus-dem-norden-1984153.html (Stand: 18.06.2018).

Lutz, Rudolf, Die Geschäftsregierung nach dem Grundgesetz, Diss., Berlin, 1969.

Lutze, Christian, Ein präsidiales Missverständnis über die formelle Prüfungskompetenz, NVwZ 2003, S. 323-325.

Maas, Heiko, „Regierungsbildung, Das halten wir schon aus", 2017, abrufbar unter: https://www.zeit.de/2017/52/regierungsbildung-deutschland-verfassung-heiko-maas (Stand: 18.06.2018).

Machet, Anne-Yasmine, Seulement deux mois et demi après sa défaite à la présidentielle, Jean-Luc Mélenchon vise déjà la prochaine échéance, en 2022 [Nur zweieinhalb Monate nach seiner Niederlage bei der Präsidentschaftswahl zielt Jean-Luc Mélenchon schon den nächsten Stichtag, 2022], 2017, abrufbar unter: https://www.closermag.fr/politique/jean-luc-melenchon-se-prepare-deja-a-la-prochaine-presidentielle-733205 (Stand: 18.06.2018).

Macron, Emmanuel, Discours du Président de la République devant le Parlement réuni en Congrès [Rede des Präsidenten der Republik vor den als Kongress versammelten Parlament], 2017, abrufbar unter: http://www.elysee.fr/declarations/article/discours-du-president-de-la-republique-devant-le-parlement-reuni-en-congres/ (Stand: 18.06.2018).

Id., Discours du Président de la République Emmanuel Macron en Corse à Bastia [Rede von Staatspräsidenten Emmanuel Marcon in Bastia, Korsika], 2018, abrufbar unter: http://www.elysee.fr/declarations/article/transcription-du-discours-du-president-de-la-republique-emmanuel-macron-en-corse-a-bastia/ (Stand: 18.06.2018).

v. Mangoldt, Hermann/Klein, Friedrich/Starck, Christian (Hrsg.), GG, Grundgesetz, Band 2, Artikel 20-82, Kommentar, 7. Aufl., München, 2018; Band 3, Artikel 83-146, Kommentar, 7. Aufl., München, 2018.

Massot, Jean, Quelle place la Constitution de 1958 accorde-t-elle au Président de la République ? [Welchen Platz räumt die Verfassung von 1958 dem Präsidenten der Republik ein?], 2014, abrufbar unter: http://www.conseil-constitutionnel.fr/conseil-constitutionnel/francais/la-constitution/la-constitution-de-1958-en-20-questions/quelle-place-la-constitution-de-1958-accorde-t-elle-au-president-de-la-republique.17355.html (Stand: 18.06.2018).

Marcos, Cristina, House rejects Democrat's resolution to impeach Trump, 2017, abrufbar unter: http://thehill.com/homenews/house/363544-house-rejects-democratic-resolution-to-impeach-trump (Stand: 18.06.2018).

Maunz, Theodor/Dürig, Günter (Hrsg.), Grundgesetz, Kommentar, Stand: 81. Ergänzungslieferung 2017, München, 2017.

Menzel, Jörg, Verfassungsrechtsprechung im siebten Jahrzehnt, Einführende Überlegungen zur Verfassungsgerichtsbarkeit, zum Bundesverfassungsgericht und zur Bedeutung seiner Judikate, in: Menzel, Jörg/Müller-Terpitz, Ralf (Hrsg.), Verfassungsrechtsprechung, 3. Aufl., Tübingen, 2017, S. 1-44.

Merkel, Angela, Grußwort anlässlich des 75. Geburtstages von Bundespräsident a.D. Professor Dr. Roman Herzog, in: Herdegen, Matthias/Klein, Hans Hugo/Papier, Hans-Jürgen/Scholz, Rupert (Hrsg.), Staatsrecht und Politik, Festschrift für Roman Herzog zum 75. Geburtstag, München, 2009, S. XV-XVI.

Ministère de l'Intérieur, Résultats de l'élection présidentielle 2007 [Ergebnisse der Präsidentschaftswahl 2007], 2007, abrufbar unter: https://www.interieur.gouv.fr/Elections/Les-resultats/Presidentielles/elecresult__presidentielle_2007/(path)/presidentielle_2007/FE.html (Stand: 18.06.2018).

Id., Résultats des élections législatives 2012 [Ergebnisse der legislativen Wahlen 2012], 2012, abrufbar unter: https://www.interieur.gouv.fr/Elections/Les-resultats/Legislatives/elecresult__LG2012/(path)/LG2012/FE.html (Stand: 18.06.2018).

Id., Élection présidentielle 2017, Les dates clés [Präsidentschaftswahl 2017, Die Schlüsseldaten], 2017, abrufbar unter: https://www.interieur.gouv.fr/Publications/Nos-infographies/Elections-citoyennete/Election-presidentielle-2017/Les-dates-cles (Stand: 18.06.2018).

Id., Résultats de l'élection présidentielle 2017 [Ergebnisse der Präsidentschaftswahl 2017], 2017, abrufbar unter: https://www.interieur.gouv.fr/Elections/Les-resultats/Presidentielles/elecresult__presidentielle-2017/(path)/presidentielle-2017/FE.html (Stand: 18.06.2018).

Id., Résultats des élections législatives 2017 [Ergebnisse der legislativen Wahlen 2017], 2017, abrufbar unter: https://www.interieur.gouv.fr/Elections/Les-resultats/Legislatives/elecresult__legislatives-2017/(path)/legislatives-2017/FE.html (Stand: 18.06.2018).

Id., Élections, Les résultats [Wahlergebnisse], o.A., abrufbar unter: https://www.interieur.gouv.fr/Elections/Les-resultats (Stand: 18.06.2018).

Mitterrand, François, Mitteilung an die Nationalversammlung am 2. April 1986, abrufbar unter: http://fresques.ina.fr/mitterrand/fiche-media/Mitter00153/message-de-francois-mitterrand-lu-par-jacques-chaban-delmas.html (Stand: 18.06.2018).

Model, Otto/Müller, Klaus, Grundgesetz für die Bundesrepublik Deutschland, Taschenkommentar für Studium und Praxis, 11. Aufl., Köln; Berlin; Bonn; München, 1996.

Montesquieu, Charles Louis de Secondat, baron de La Brède et de Montesquieu, De l'esprit des loix, Ou du rapport que les loix doivent avoir avec la Constitution de chaque Gouvernement, les Mœurs, le Climat, la Religion, le Commerce &c., à quoi l'Auteur a ajouté, Des recherches nouvelles sur les Loix Romaines touchant les Successions, sur les Loix Françoises et sur les Loix Féodales [Vom Geist der Gesetze, Oder über den Bezug, den die Gesetze zum Aufbau jeder Regierung, zu den Sitten, zum Klima, der Religion, dem Handel etc. haben müssen, wozu der Autor noch neue Untersuchungen über die römischen Erbfolgegesetze, die französischen Gesetze und die Feudalgesetze hinzugefügt hat], Band I, Genf, 1748.

Morlok, Martin/Michael, Lothar, Staatsorganisationsrecht, 3. Aufl., Baden-Baden, 2017.

Morsey, Rudolf, Hans Berger – Chef des Bundespräsidialamts 1965–1969 bei Bundespräsident Lübke, in: Herdegen, Matthias/Klein, Hans Hugo/Papier, Hans-Jürgen/Scholz, Rupert (Hrsg.), Staatsrecht und Politik, Festschrift für Roman Herzog zum 75. Geburtstag, München, 2009, S. 299-311.

Mouzet, Pierre, Le président de la République, Le pouvoir présidentiel. [Der Präsident der Republik, Die präsidiale Macht.], in: Verpeaux, Michel (Hrsg.), Les annales du droit 2017, Droit constitutionnel [Die Annalen des Rechts 2017, Verfassungsrecht], 2016, S. 141-153.

von Münch, Ingo/Kunig, Philip (Hrsg.), Grundgesetz Kommentar, Band 1, Präambel, Artikel 1–69, 6. Aufl., München, 2012; Band 2, Artikel 70–146, 6. Aufl., München, 2012.

von Münch, Ingo /Mager, Ute, Staatsrecht I, Staatsorganisationsrecht unter Berücksichtigung der europarechtlichen Bezüge, 8. Aufl., Stuttgart, 2016.

Ndao, Momath Talla, Une cohabitation politique au Sénégal: entre fatasme et chimère [Eine Kohabitation in Senegal: Zwischen Phantasie und Hirngespinst], 2017, abrufbar unter: https://www.dakaractu.com/Une-cohabitation-politique-au-Senegal-entre-fantasme-et-chimere_a131614.html (Stand: 18.06.2018).

Oberrath, Jörg-Dieter, Öffentliches Recht, mit Europarecht und Öffentliches Wirtschaftsrecht, Lernbuch, Strukturen, Übersichten, 6. Aufl., München, 2017.

Id., Staatsrecht, 2. Aufl., Stuttgart, 2016.

Oliva, Éric/Giummarra, Sandrine, Droit constitutionnel [Verfassungsrecht], 9. Aufl., Paris, 2017.

Overheid.nl, 32 759, Voorstel van de leden Schouw en Van der Ham tot wijziging van het Reglement van Orde in verband met de aanwijzing van kabinets(in)formateur(s) [Vorschlag der Parlamentarier Schouw und Van der Ham zur Änderung der Ordnungsregelung in Zusammenhang mit der Anweisung von Beauftragten zur Bildung eines Kabinetts], 2012, abrufbar unter: https://zoek.officielebekendmakingen.nl/dossier/32759/kst-32759-8?resultIndex=4&sorttype=1&sortorder=4 (Stand: 18.06.2018).

Id., 13 Stemmingen Aanwijzing kabinets(in)formateur(s) [Wahlergebnisse zur Anweisung von Beauftragten zur Bildung eines Kabinetts], 2012, abrufbar unter: https://zoek.officielebekendmakingen.nl/dossier/32759/h-tk-20112012-68-13?resultIndex=0&sorttype=1&sortorder=4 (Stand: 18.06.2018).

Papier, Hans-Jürgen/Krönke, Christoph, Grundkurs Öffentliches Recht 1, Grundlagen, Staatsstrukturprinzipien, Staatsorgane und –funktionen, 2. Aufl., Heidelberg, 2015.

Id., Grundkurs Öffentliches Recht 2, Grundrechte, 3. Aufl., Heidelberg, 2018.

Peucker, Martina, Staatsorganisationsrecht, 3. Aufl., Heidelberg; München; Landsberg; Frechen; Hamburg, 2013.

Peucker, Martina/Bätge, Frank, Staatsorganisationsrecht, 4. Aufl., Heidelberg, 2018.

Philippe, Édouard, Déclaration de politique générale du Premier ministre Édouard Philippe [Regierungserklärung zur allgemeinen Politik des Premierministers Édouard Philippe], 2017, abrufbar unter: http://www.gouvernement.fr/partage/9296-declaration-de-politique-generale-du-premier-ministre-edouard-philippe (Stand: 18.06.2018).

Porteilla, Raphaël/Baghestani, Laurence, Le président de la République, La fonction présidentielle sous la Ve République française [Die präsidiale Funktion unter der Fünften französischen Republik], in: Verpeaux, Michel (Hrsg.), Les annales du droit 2018, Droit constitutionnel [Die Annalen des Rechts 2018, Verfassungsrecht], 2017, S. 114-123.

Portelli, Hugues, Droit constitutionnel, À jour des élections présidentielle et législatives 2017 [Verfassungsrecht, Bis einschließlich Präsidentsschaftswahlen und legislative Wahlen 2017], 12. Aufl., Paris, 2017.

Presidenza della Repubblica, Cerimonia di giuramento del Governo Conte [Vereidigungszeremonie der Conte-Regierung], 2018, abrufbar unter: http://www.quirinale.it/elementi/Continua.aspx?tipo=Comunicato&key=3933 (Stand: 18.06.2018).

Rau, Johannes, Vom Gesetzesprüfungsrecht des Bundespräsidenten, DVBl 2004, 1-8.

Rebsamen, François, Retour au césarisme, par François Rebsamen [Zurück zum Cäsarismus, durch François Rebsamen], 2008, abrufbar unter: http://www.lemonde.fr/idees/article/2008/02/04/retour-au-cesarisme-par-francois-rebsamen_1007121_3232.html (Stand: 18.06.2018).

Reich, Andreas, Magdeburger Kommentar zum Grundgesetz, für die Bundesrepublik Deutschland, Bad Honnef, 1998.

Retailleau, Bruno, Bruno Retailleau accuse Emmanuel Macron d'être „égocentrique" [Bruno Retailleau beschuldigt Emmanuel Macron „egozentrisch" zu sein], 2018, abufbar unter: http://www.bfmtv.com/politique/bruno-retailleau-accuse-emmanuel-macron-d-etre-egocentrique-1420986.html (Stand: 18.06.2018).

Rhodan, Maya, President Obama Mocks Donald Trump for Not Being Allowed to Tweet, 2016, abrufbar unter: http://time.com/4561301/donald-trump-twitter-barack-obama/ (Stand: 18.06.2018).

Roudier, Karine, Droit constitutionnel, En fiches pratiques [Verfassungsrecht, Anhand praktischer Arbeitsblätter], Levallois-Perret, 2017.

Rouvillois, Frédéric, Droit constitutionnel 2, La Ve République [Verfassungsrecht 2, Die Fünfte Republik], 5. Aufl., Paris, 2016.

Saint-James, Virginie, Droit constitutionnel, En fiches pratiques [Verfassungsrecht, Anhand praktischer Arbeitsblätter], 5. Aufl., Paris, 2014.

Schambeck, Herbert, Der Bundespräsident und die Bundesregierung im Verfassungsvergleich Deutschland und Österreich, in: Herdegen, Matthias/Klein, Hans Hugo/Papier, Hans-Jürgen/Scholz, Rupert (Hrsg.), Staatsrecht und Politik, Festschrift für Roman Herzog zum 75. Geburtstag, München, 2009, S. 423-433.

Schauer, Martin, Die Maßnahmen der 14 in der rechtswissenschaftlichen Analyse, in: Busek, Erhard/Schauer, Martin (Hrsg.), Eine europäische Erregung, Die „Sanktionen" der Vierzehn gegen Österreich im Jahr 2000, Analysen und Kommentare, Wien, 2003, S. 189-216.

Schemmel, Jakob, Die geschäftsführende Bundesregierung, NVwZ 2018, 105-110.

Schindler, Peter, Datenhandbuch zur Geschichte des Deutschen Bundestages 1949 bis 1999, Band I, Baden-Baden, 1999.

Schmidt, Rolf, Staatsorganisationsrecht, sowie Grundzüge des Verfassungsprozessrechts und des EU-Rechts, 19. Aufl., Grasberg bei Bremen, 2018.

Schmidt-Bleibtreu, Bruno/Hofmann, Hans/Henneke, Günter (Hrsg.), GG, Grundgesetz, 14. Aufl., Köln, 2018.

Schnapauff, Klaus-Dieter, Die geschäftsführende Bundesregierung, VR 1983 (Heft 3), S. 77-81.

Scholz, Olaf/Klingbeil, Lars/Nahles, Andrea, Mitgliedervotum, Wir haben gemeinsam entschieden!, 2018, abrufbar unter:

https://www.spd.de/aktuelles/detail/news/mitgliedervotum-wir-haben-gemeinsam-entschieden/04/03/2018/ (Stand: 18.06.2018).

Schröder, Ulrich Jan, Das Demokratieprinzip des Grundgesetzes, JA 2017, 809-818.

Schulz, Martin, Tweet vom 24. November 2017, abrufbar unter: https://twitter.com/MartinSchulz/status/934032907353645056 (Stand: 18.06.2018).

Seisselberg, Jörg, Steinmeier ein Jahr im Amt, Krisenmanager in schwierigen Zeiten, 2018, abrufbar unter: https://www.tagesschau.de/inland/steinmeier-bundespraesident-119.html (Stand: 18.06.2018).

Shugerman, Emily, Donald Trump has failed to achieve more than 80 % of what he promised in his first 100 days, The president has successfully carried out only seven of the 38 promises in his "Contract with the American Voter", 2017, abrufbar unter: https://www.independent.co.uk/news/world/americas/us-politics/trump-promises-broken-first-100-days-wall-obamacare-repeal-immigration-a7706671.html (Stand: 18.06.2018).

Sodan, Helge (Hrsg.), Grundgesetz, 4. Aufl., München, 2018.

Sodan, Helge/Ziekow, Jan, Grundkurs Öffentliches Recht, Staats- und Verwaltungsrecht, 8. Aufl., München, 2018.

Statista, Sollen diese Politiker künftig eine wichtige Rolle spielen? (im Juli 2017), 2018, abrufbar unter: https://de.statista.com/statistik/daten/studie/169582/umfrage/beliebtheit-von-politikern-in-deutschland/ (Stand: 18.06.2018).

Steinharter, Hannah, Bündnisse nach der Bundestagswahl – Parteien spielen Wünsch-dir-was, 2017, abrufbar unter: http://www.handelsblatt.com/politik/deutschland/bundestagswahl/alle-schlagzeilen/buendnisse-nach-der-bundestagswahl-parteien-spielen-wuensch-dir-was/20316568-all.html (Stand: 18.06.2018).

Steinmeier, Frank-Walter, Bundespräsident Frank-Walter Steinmeier zur Entlassung von Bundesministerin Andrea Nahles am 27. September 2017 in Schloss Bellevue, 2017, abrufbar unter: http://www.bundespraesident.de/SharedDocs/Reden/DE/Frank-

Walter-Steinmeier/Reden/2017/09/170928-Nahles-Entlassung.html (Stand: 18.06.2018).

Id., Bundespräsident Frank-Walter Steinmeier im Gespräch mit Peter Huth, Claudia Kade und Ulf Poschardt von der Welt am Sonntag im Amtszimmer von Schloss Bellevue, 2017, abrufbar unter: http://www.bundespraesident.de/SharedDocs/Reden/DE/Frank-Walter-Steinmeier/Interviews/2017/171119-Interview-Welt-am-Sonntag.html (Stand: 18.06.2018).

Id., Erklärung von Bundespräsident Steinmeier zur Regierungsbildung, 2017, abrufbar unter: http://www.bundespraesident.de/SharedDocs/Reden/DE/Frank-Walter-Steinmeier/Reden/2017/11/171120-Statement-Regierungsbildung.html (Stand: 18.06.2018).

Id., Weihnachtsansprache von Bundespräsident Frank-Walter Steinmeier am 25. Dezember 2017 in Schloss Bellevue, 2017, abrufbar unter: http://www.bundespraesident.de/SharedDocs/Reden/DE/Frank-Walter-Steinmeier/Reden/2017/12/171225-Weihnachtsansprache-2017.html (Stand: 18.06.2018).

Id., Bundespräsident Frank-Walter Steinmeier im Gespräch mit Daniel Goffart, Robert Schneider und Jörg Harlan Rohleder vom Focus Magazin im Amtszimmer von Schloss Bellevue, 2018, abrufbar unter: http://www.bundespraesident.de/SharedDocs/Reden/DE/Frank-Walter-Steinmeier/Interviews/2018/180113-Interview-Focus.html (Stand: 18.06.2018).

Id., Bundespräsident Frank-Walter Steinmeier bei der Diskussionsveranstaltung der ZEIT-Stiftung „Was die Gesellschaft zusammenhält: Bürgerengagement und Stiftungen für ein starkes Gemeinwesen“ am 22. Januar 2018 in Hamburg, 2018, abrufbar unter: http://www.bundespraesident.de/SharedDocs/Reden/DE/Frank-Walter-Steinmeier/Reden/2018/01/180122-Hamburg-Zeit-Stiftung.html (Stand: 18.06.2018).

Id., Ansprache beim Abendessen zu Ehren von Bundespräsident a.D. Horst Köhler anlässlich seines 75. Geburtstages im großen Saal von Schloss Bellevue, 2018, abrufbar unter: http://www.bundespraesident.de/SharedDocs/Reden/DE/Frank-Walter-Stein

meier/Reden/2018/03/180308-Ehrenessen-Koehler.html (Stand: 18.06.2018).

Id., Bundespräsident Frank-Walter Steinmeier bei der Ernennung der Mitglieder des künftigen Bundeskabinetts am 14. März 2018 in Schloss Bellevue, 2018, abrufbar unter: https://www.bundesregierung.de/Content/DE/Bulletin/2018/03/28-1-bpr-ernennung.html (Stand: 18.06.2018).

Id., Bundespräsident Frank-Walter Steinmeier bei der Jubiläumsveranstaltung „175 Jahre IHK Pfalz" am 19. März 2018 auf dem Hambacher Schloss in Neustadt an der Weinstraße, 2018, abrufbar unter: http://www.bundespraesident.de/SharedDocs/Reden/DE/Frank-Walter-Steinmeier/Reden/2018/03/180319-175Jahre-IHK-Pfalz.html (Stand: 18.06.2018).

Tagesschau, Einstimmige Entscheidung – SPD bleibt beim Nein zur GroKo, 2017, abrufbar unter: https://www.tagesschau.de/inland/jamaika-spd-103.html (Stand: 18.06.2018).

Id., Läuft es 2024 wie 2008?, Putins Zukunftsplan, 2018, abrufbar unter: https://www.tagesschau.de/ausland/putin-ministerpraesident-101.html (Stand: 18.06.2018).

Id., Rede des Bundespräsidenten, Steinmeier sieht Demokratie in Gefahr, 2018, abrufbar unter: http://www.tagesschau.de/inland/steinmeier-767.html (Stand 18.06.2018).

Teevs, Christian, SPD vor Mitgliedervotum, Super Posten. Und die Inhalte?, 2018, abrufbar unter: http://www.spiegel.de/politik/deutschland/spd-und-martin-schulz-super-posten-und-die-inhalte-a-1192235.html (Stand: 18.06.2018).

The UK Royal Family, The Queen's role in Government, o.A., abrufbar unter: https://www.royal.uk/queen-and-government (Stand: 18.06.2018).

The Washington Post, Obama: If Trump can't handle Twitter, then he can't handle nuclear codes, 2016, abrufbar unter: https://www.washingtonpost.com/video/national/obama-if-trump-cant-handle-twitter-then-he-cant-handle-nuclear-codes/2016/11/06/

be398272-a463-11e6-ba46-53db57f0e351_video.html?utm_term=.b5df758e6323 (Stand: 18.06.2018).

Toussay, Jade, Avant la grève à la SNCF, le gouvernement renonce aux ordonnances pour l'ouverture à la concurrence [Vor dem Streik bei der SNCF verzichtet die Regierung auf Verordnungen für die Öffnung zur Konkurrenz], 2018, abrufbar unter: https://www.huffingtonpost.fr/2018/03/31/avant-la-greve-a-la-sncf-le-gouvernement-renonce-aux-ordonnances-pour-louverture-a-la-concurrence_a_23399779/ (Stand: 18.06.2018).

Trotabas, Louis/Isoart, Paul, Droit public [Öffentliches Recht], 24. Aufl., Paris, 1998.

UK Government, History, Past Prime Ministers, o.A., abrufbar unter: https://www.gov.uk/government/history/past-prime-ministers (Stand: 18.06.2018).

Id., History, Past Prime Ministers, David Lloyd George, o.A., https://www.gov.uk/government/history/past-prime-ministers/david-lloyd-george (Stand: 18.06.2018).

UK Parliament, Royal Assent, o.A., abrufbar unter: https://www.parliament.uk/site-information/glossary/royal-assent/ (Stand: 18.06.2018).

Id., Living Heritage, The Glorious Revolution, o.A., abrufbar unter: https://www.parliament.uk/about/living-heritage/evolutionofparliament/parliamentaryauthority/revolution/keydates/keydates1689-1714/ (Stand: 18.06.2018).

Worthy, Ben, The take-over: Prime Ministers without a popular mandate, 1916-2016, 2016, abrufbar unter: http://blogs.lse.ac.uk/politicsandpolicy/the-take-over-prime-ministers-without-a-popular-mandate-1916-2016/ (Stand: 18.06.2018).

Umbach, Dieter C./Clemens, Thomas (Hrsg.), Grundgesetz, Mitarbeiterkommentar, Band II, Artikel 38 - 146 GG, Heidelberg, 2002.

Vedel, Georges, Variations et cohabitations [Variationen und Kohabitationen], Pouvoirs 1997, Nr. 83, S. 101-129.

Verpeaux, Michel/De Montalivet, Pierre/Roblot-Troizier, Agnès/Vidal-Naquet, Ariane, Droit constitutionnel, Les grandes décisions de la jurisprudence [Verfassungsrecht, Die großen Entscheidungen der Rechtsprechung], 2. Aufl., Paris, 2017.

Viansson-Ponté, Pierre, Les Gaullistes, Rituel et annuaire [Die Gaullisten, Ritual und Verzeichnis], Paris, 1963.

vks/dpa, Umfrage zu Gauck-Nachfolge, Mehrheit der Deutschen favorisiert Steinmeier, 2016, abrufbar unter: http://www.spiegel.de/politik/deutschland/gauck-nachfolge-mehrheit-der-deutschen-traut-steinmeier-das-amt-zu-a-1096816.html (Stand: 18.06.2018).

de Vogue, Ariane/Jarrett, Laura, Trump furious after court upholds block on travel ban, 2017, abrufbar unter: https://edition.cnn.com/2017/02/09/politics/travel-ban-9th-circuit-ruling-immigration/index.html (Stand: 18.06.2018).

Voßkuhle, Andreas/Wischmeyer, Thomas, Die Verfassung der Mitte, München, 2016.

Walker, Bernhard, Gauck zögert in Sachen Diätenerhöhung, 2014, abrufbar unter: http://www.badische-zeitung.de/deutschland-1/gauck-zoegert-in-sachen-diaetenerhoehung--86699587.html (Stand: 18.06.2018).

Winkler, Daniela, Staatsrecht I, Staatsorganisationsrecht, Mit vielen Aufbauschemata, 3. Aufl., München, 2016.

Zarka, Jean-Claude, L'essentiel de l'histoire constitutionnelle et politique de la France (de 1789 à nos jours) [Das Wesentliche aus der verfassungs- und politischen Geschichte Frankreich (von 1789 bis heute)], 8. Aufl., Paris, 2017.

ZEIT ONLINE, Regierungsbildung, Merkel spricht sich gegen Neuwahlen aus, 2017, abrufbar unter: https://www.zeit.de/video/2017-11/5658047437001/regierungsbildung-merkel-spricht-sich-gegen-neuwahlen-aus (Stand: 18.06.2018).

Id., Bundespräsident, Staatsanwaltschaft will Wulffs Immunität aufheben lassen, 2012, abrufbar unter: https://www.zeit.de/

politik/deutschland/2012-02/wulff-immunitaet/komplettansicht (Stand 18.06.2018).

Id., Sondierungsgespräche – FDP bricht Jamaika-Sondierung ab, 2017, abrufbar unter: https://www.zeit.de/politik/2017-11/fdp-bricht-jamaika-sondierung-ab (Stand: 18.06.2018).

Id., Regierungsbildung, Steinmeier lädt Parteichefs zu Gesprächen, 2017, abrufbar unter: https://www.zeit.de/politik/deutschland/2017-11/regierungsbildung-frank-walter-steinmeier-fdp-gruene-spd-union (Stand: 18.06.2018).

Zicht, Wilko, Ergebnisse der Bundestagswahlen, 2017, http://www.wahlrecht.de/ergebnisse/bundestag.htm (Stand: 18.06.2018).

Zippelius, Reinhold/Würtemberger, Thomas, Deutsches Staatsrecht, 32. Aufl., München, 2008.

Rechtsprechungsverzeichnis

LG Gießen, Urteil vom 23. März 2018 – 3 O 5/18.

VerfGH NRW, NJW 1999, 1243-1247.

VerfGH NRW, NVwZ 2009, 1096-1100.

BVerfG, Beschluss vom 17. Januar 1979 – 1 BvL 25/77 –, BVerfGE 50, 142-166.

BVerfG, Urteil vom 16. Februar 1983 – 2 BvE 1/83 –, BVerfGE 62, 1-116.

BVerfG, Beschluss vom 27. Januar 1994 – 1 BvR 1693/92 –, BVerfGE 89, 359-364.

BVerfG, Urteil vom 25. August 2005 – 2 BvE 4/05 –, BVerfGE 114, 121-195.

BVerfG, Urteil vom 10. Juni 2014 – 2 BvE 2/09 –, BVerfGE 136, 277-323.

BVerfG, Urteil vom 10. Juni 2014 – 2 BvE 4/13 –, BVerfGE 136, 323-338.

BVerfG, Beschluss vom 16. Dezember 2014 – 2 BvE 2/12 –, BVerfGE 138, 125-136.

CE Ass. [Staatsrat, Kammer für Rechtsstreitigkeiten], 10. September 1992, Nr. 140376, 140377, 140378, 140379, 140416, 140417 u. 140832, publié au recueil Lebon [in der Lebon-Sammlung veröffentlicht].

Conseil constitutionnel [Verfassungsrat], Entscheidung Nr. 62-20 DC [Déclaration de conformité; Konformitätserklärung], 6. November 1962, JORF [Journal officiel de la République Française; Amtsblatt der Französischen Republik] vom 7. November 1962, S. 10778.

Conseil constitutionnel [Verfassungsrat], Nr. 2014-432 QPC [Question Prioritaire de constitutionnalité; Vorrangige Frage zur Verfassungsmäßigkeit], 28. November 2014, JORF [Journal officiel de la République Française; Amtsblatt der Französischen Republik] Nr. 0285 vom 10. Dezember 2014, S. 20646.

Conseil constitutionnel sénégalais [sen. Verfassungsrat], Entscheidung Nr. 5-E-2017, 14. August 2017, abrufbar unter: conseilconstitutionnel.sn/wp-content/uploads/2017/08/143-d%C3%A9cision.pdf (Stand: 18.06.2018).

Einleitung

Insbesondere die geschichtlichen Hintergründe sowie der jeweilige verfassungsrechtliche Rahmen, in dem sich Staats- und Regierungschef bewegen, werden im Sinne von Montesquieu berücksichtigt.[1] Das Ziel des vorliegenden Buches ist es, das heute gültige Verfassungsrecht von Deutschland und Frankreich zu vergleichen.[2] Keineswegs sollen Verfassungsreformen angeregt werden. Anders als etwa das Vereinigte Königreich sind Frankreich und Deutschland demokratische Rechtsstaaten in der Form von Republiken mit jeweils einem gewählten Staatsoberhaupt. Beide haben gegensätzlich zu den Vereinigten Staaten von Amerika einen Regierungschef. Während in Präsidialdemokratien der Staatspräsident zugleich die Richtlinien der Politik vorgibt und die Regierungsgeschäfte leitet, hat der Präsident in Demokratien mit parlamentarischem System, die auf dem Zusammenwirken von parlamentarischer Mehrheit und Regierung basieren, vorrangig repräsentative Funktionen.[3] Seit 1949 dominiert in Deutschland das parlamentarische Regierungssystem mit einem machtpolitisch wenig einflussreichen Staatsoberhaupt.[4]

---

1 S. *Montesquieu, Charles Louis de Secondat, baron de La Brède et de Montesquieu,* De l'esprit des loix, Ou du rapport que les loix doivent avoir avec la Constitution de chaque Gouvernement, les Mœurs, le Climat, la Religion, le Commerce &c., à quoi l'Auteur a ajouté, Des recherches nouvelles sur les Loix Romaines touchant les Successions, sur les Loix Françoises et sur les Loix Féodales [Vom Geist der Gesetze, Oder über den Bezug, den die Gesetze zum Aufbau jeder Regierung, zu den Sitten, zum Klima, der Religion, dem Handel etc. haben müssen, wozu der Autor noch neue Untersuchungen über die römischen Erbfolgegesetze, die französischen Gesetze und die Feudalgesetze hinzugefügt hat], Band I, 1748, Buch XXIX Kapitel XI a.E.

2 In Ermangelung weiterer Präzisierungen handelt es sich im Folgenden stets nur um die aktuellen deutsche (seit 1949) und französische (seit 1958) Republik.

3 S. *von Münch, Ingo /Mager, Ute,* Staatsrecht I, Staatsorganisationsrecht unter Berücksichtigung der europarechtlichen Bezüge, 8. Aufl., 2016, Rn. 281.

4 S. *Kloepfer, Michael/Greve, Holger,* Staatsrecht kompakt, Staatsorganisationsrecht – Grundrechte – Bezüge zum Völker-und Europarecht, 2. Aufl., 2016, Rn. 271.

Die Mängel der Weimarer Reichsverfassung sollten im Grundgesetz vermieden werden.[5] Die Kompetenzen des Bundespräsidenten als Staatsoberhaupt wurden gegenüber denen des Reichspräsidenten der Weimarer Reichsverfassung deutlich zurückgenommen.[6] Die französische Verfassung von 1958 ist die eines rationalisierten parlamentarischen Regimes.[7] Sie bringt gegenüber der Verfassung der vorherigen Republik insbesondere eine Verstärkung der Autorität zugunsten einer doppelköpfigen Exekutive mit sich, die aus einem Staatsoberhaupt in der Person des Staatspräsidenten und aus einer Regierung, die vom Premierminister geführt wird. Jedoch ist die Verfassung aus 1958 bezüglich des Verhältnisses zwischen diesen beiden Bestandteilen der Exekutive zweideutig; sie scheint dem Staatspräsidenten den Vorrang zu gewähren. Der Vorrang des Staatspräsidenten ergibt sich gleichzeitig aus der Art seiner Wahl, die nicht vom Parlament abhängt, aus dem besonderen Schutz, den er genießt, und aus seinen erweiterten Machtbefugnissen.[8] Ähnlich zur deutschen Verfassung, die nicht nur aus dem Grundgesetz *stricto sensu* besteht,[9] umfasst auch die französische Verfassung zusätzliche Bestandteile[10]. Gleicherweise haben die Zusätze, wenn

---

5 S. *Kämmerer, Jörn Axel*, Staatsorganisationsrecht, 3. Aufl., 2016, Rn. 27.

6 S. *Korioth, Stefan*, Staatsrecht I, Staatsorganisationsrecht unter Berücksichtigung europäischer und internationaler Bezüge, 3. Aufl., 2016, Rn. 49.

7 S. *Le Pourhiet, Anne-Marie*, Droit constitutionnel [Verfassungsrecht], 8. Aufl., 2017, S. 282 f.; *Roudier, Karine*, Droit constitutionnel, En fiches pratiques [Verfassungsrecht, Anhand praktischer Arbeitsblätter], Levallois-Perret, 2017, S. 58.

8 S. *Esplugas-Labatut, Pierre*, in: Caporal-Gréco, Stéphane/Esplugas-Labatut, Pierre/Ségur, Philippe/Torcol, Sylvie, Droit constitutionnel [Verfassungsrecht], 2017, S. 224.

9 Gemäß Art. 140 GG sind nämlich die Bestimmungen der Art. 136, 137, 138, 139 und 141 WRV Bestandteil des Grundgesetzes.

10 S. zum insofern genannten und mit nicht ganz genau bekannten Konturen versehenen „Verfassungsblock“ *Conseil constitutionnel*, La Constitution du 4 octobre 1958 [Die Verfassung vom 4. Oktober 1958], o.A., abrufbar unter: http://www.conseil-constitutionnel.fr/conseil-constitutionnel/francais/la-constitution/la-constitution-du-4-octobre-1958/la-constitution-du-4-octobre-1958.5071.html (Stand: 18.06.2018) sowie *Favoreu, Louis*, Le principe de constitutionnalité. Essai de définition d'après la jurisprudence du Conseil consti-

überhaupt, nur eine Randbedeutung in den Beziehungen zwischen dem Präsidenten und dem Regierungschef. In beiden Ländern gibt es zwei demokratisch legitimierte verfassungsrechtliche Organe (den Regierungschef mittels seiner Regierung), die zum Wohle ihres Landes[11] ihre jeweilige Arbeit ausführen wollen, beziehungsweise müssen. Friktionen und verfassungsrechtliche Kompetenzfragen können insbesondere entstehen, soweit der Präsident und der Regierungschef nicht dieselben Meinungen teilen. Das Verfassungsrecht besitzt an sich schon eine wichtige politische Dimension,[12] im Verhältnis Präsident und Regierungschef ist sie aber besonders ausgeprägt. Somit wird in einem ersten Teil die gegenseitige Haltung des Präsidenten und des Regierungschefs während ihrer jeweiligen Wahl im Mittelpunkt stehen, in einem zweiten Teil ihr gegenseitiges Verhältnis während ihrer Mandate und abschließend in einem dritten Teil ihre gegenseitige Haltung während der bloßen Weiterführung der Geschäfte.

---

tutionnel [Das Verfassungsmäßigkeitsprinzip. Versuch einer Definition nach der Rechtsprechung des Verfassungsrates], in: Recueil d'études en hommage à Charles Eisenmann [Festschrift für Charles Eisenmann], 1975, S. 33, 33 und *Esplugas-Labatut, Pierre,* in: Caporal-Gréco, Stéphane/Esplugas-Labatut, Pierre/Ségur, Philippe/Torcol, Sylvie, Droit constitutionnel [Verfassungsrecht], 2017, S. 286 ff.

11 S. etwa den Amtsantrittseid des deutschen Staatspräsidenten in Art. 56 GG: „Ich schwöre, dass ich meine Kraft dem Wohle des deutschen Volkes widmen, seinen Nutzen mehren, Schaden von ihm wenden [...], meine Pflichten gewissenhaft erfüllen und Gerechtigkeit gegen jedermann üben werde."

12 S. *Verpeaux, Michel/De Montalivet, Pierre/Roblot-Troizier, Agnès/Vidal-Naquet, Ariane,* Droit constitutionnel, Les grandes décisions de la jurisprudence [Verfassungsrecht, Die großen Entscheidungen der Rechtsprechung], 2. Aufl., 2017, S. 3.

A) Gegenseitige Haltung während der jeweiligen Wahl

I) Wahl des Präsidenten

1) In Deutschland

a) Traditionelle Wahl

Der Bundespräsident wird von einem besonderen Wahlkörper (der Bundesversammlung, Artikel 54 Absatz 1 Satz 1 GG) gewählt, der unitarische[13] und föderative Elemente in sich vereinigt.[14] Die Bundesversammlung besteht gemäß Artikel 54 Absatz 3 GG aus den Mitgliedern des Bundestages und einer gleichen Anzahl von Mitgliedern, die von den Volksvertretungen der Länder nach den Grundsätzen der Verhältniswahl gewählt werden. Wählbar ist jeder Deutsche im Sinne des Artikels 116 Absatz 1 GG, der gemäß den §§ 12 f. BWahlG das Wahlrecht zum Bundestage besitzt und das vierzigste Lebensjahr vollendet hat (s. Artikel 54 Absatz 1 Satz 2 GG). Darüber hinausgehende Anforderungen sind unzulässig.[15] Mitgliedschaft in einer Volksvertretung, einer Regierung, Beamteneigenschaft, Parteizugehörigkeit stehen der Wahl ebenso wenig entgegen wie etwa der Zugehörigkeit zum BVerfG[16].[17] Ab der Wahl

---

13 Das Volk bevorzugt sogar mit sehr breiter Mehrheit eine Direktwahl seines höchsten Repräsentanten, s. *dpa,* Bundespräsident, Umfrage: Große Mehrheit für Direktwahl des Bundespräsidenten, 2017, abrufbar unter: https://www.zeit.de/news/2017-02/07/bundespraesident-umfrage-grosse-mehrheit-fuer-direktwahl-des-bundespraesidenten-07115803 (Stand: 18.06.2018 – 71 % sind für eine Direktwahl, 16 % sind dagegen und 13 % haben keine Meinung).

14 S. *Domgörgen, Ulf,* in: Hömig/Wolff (Hrsg.), Grundgesetz für die Bundesrepublik Deutschland, 12. Aufl., 2018, Artikel 54 Rn. 1.

15 S. *Umbach, Dieter C.,* in: Umbach/Clemens (Hrsg.), Grundgesetz, Mitarbeiterkommentar, Band II, Artikel 38 - 146 GG, 2002, Artikel 54 Rn. 27.

16 S. BVerfGE 89, 359 (362).

wird der Bundespräsident aber gemäß Artikel 55 Absatz 1 GG weder der Regierung noch einer gesetzgebenden Körperschaft des Bundes oder eines Landes angehören dürfen. Zudem wird er gemäß Artikel 55 Absatz 2 GG kein anderes besoldetes Amt, kein Gewerbe und keinen Berufen ausüben und weder der Leitung noch dem Aufsichtsrate eines auf Erwerb gerichteten Unternehmens angehören dürfen. Eine weiterhin gültige Parteizugehörigkeit ist aber auch dem Bundespräsidenten grundgesetzlich nicht untersagt. Die Suche nach Kandidaten für das höchste Staatsamt ist in Deutschland immer wieder Anlass für angeregte öffentliche Diskussionen und Spekulationen.[18] Gemäß Artikel 54 Absatz 6 Satz 1 GG ist gewählt, wer die Stimmen der Mehrheit der Mitglieder der Bundesversammlung erhält. Die Mehrheit der Mitglieder der Bundesversammlung ist gemäß Artikel 121 GG die Mehrheit ihrer gesetzlichen Mitgliederzahl. Wird diese Mehrheit in zwei Wahlgängen von keinem Bewerber erreicht, so ist gemäß Artikel 54 Absatz 6 Satz 2 GG gewählt, wer in einem weiteren Wahlgang die meisten Stimmen auf sich vereinigt. Die Bundesversammlung ist Verfassungsorgan und oberstes Bundesorgan im Sinne des Artikels 93 Absatz Nummer 1.[19] Die Bundesversammlung hat nicht nur zur Aufgabe, den Bundespräsidenten zu wählen; sie soll zugleich in ihrem Ablauf die besondere Würde des Amtes unterstreichen.[20] Die Wahl erfolgt ohne Vorstel-

---

17 S. *Domgörgen, Ulf,* in: Hömig/Wolff (Hrsg.), Grundgesetz für die Bundesrepublik Deutschland, 12. Aufl., 2018, Artikel 54 Rn. 2.

18 S. aktueller Bundespräsident *Steinmeier, Frank-Walter,* Ansprache beim Abendessen zu Ehren von Bundespräsident a.D. Horst Köhler anlässlich seines 75. Geburtstages im großen Saal von Schloss Bellevue, 2018, abrufbar unter: http://www.bundespraesident.de/SharedDocs/Reden/DE/Frank-Walter-Steinmeier/Reden/2018/03/180308-Ehrenessen-Koehler.html (Stand: 18.06.2018).

19 S. aktueller Präsident des Bundesverfassungsgerichts und o. Professor *Voßkuhle, Andreas,* in: v. Mangoldt/Klein/Starck (Hrsg.), GG, Grundgesetz, Band 3, Artikel 83-146, 7. Aufl., 2018, Artikel 93 Rn. 102; *Wieland, Joachim,* in: Dreier (Hrsg.), GG, Grundgesetz Kommentar, Band III, Artikel 83–146, 3. Aufl., 2018, Artikel 93 Rn. 58.

20 S. BVerfGE 136, 277 (312).

lung der Kandidaten[21] und ohne Aussprache[22]. Eine Personal- oder Sachdebatte über oder mit den Kandidaten findet nach der Wahl nicht statt.[23] Dies vermag freilich eine vorherige öffentliche Diskussion oder einen „Präsidentenwahlkampf" nicht auszuschließen.[24] Es geht den wahlrechtlichen Bestimmungen insgesamt darum, dem Bundespräsidenten – entsprechend seiner Bedeutung im Verfassungsgefüge – eine eigenständige demokratische Legitimation zu vermitteln, die ihm gegenüber den anderen Staatsorganen Selbststand verschafft.[25] Das Amt des Bundespräsidenten dauert gemäß Artikel 54 Absatz 2 Satz 1 GG fünf Jahre. Gemäß Artikel 54 Absatz 2 Satz 2 GG ist eine anschließende Wiederwahl nur einmal zulässig. Nach einer – nicht einmal unbedingt vollen – Amtszeit eines anderen Bundespräsidenten ist eine neue, mit gegebenenfalls darauffolgend erneuter, Wiederwahl zulässig (etc.).[26] Bis jetzt wurde immer der Kandidat gewählt, den die Regierung beziehungsweise die größte Regierungspartei haben wollte (abgesehen von 1979 und 2004, als die Opposition ihren Kandidaten durchzusetzen wusste, und nur teilweise abgesehen von 1969, als es der Kandidat der zweitstärksten Regierungspartei der Großen Koalition war). Es werden vor der Einberufung der Bundesversammlung üblicherwei-

---

[21] S. *Nettesheim, Martin*, in: Isensee/Kirchof (Hrsg.), Handbuch des Staatsrechts, Band III, 3. Aufl., 2005, § 63 Rn. 12.

[22] S. *Jansen, Dirk/Salewski, Martin*, in: Kock, Kai-Uwe/Stüwe, Richard (Hrsg.), Öffentliches Recht und Europarecht, Staats- und Verfassungsrecht, Primärrecht der Europäischen Union, Allgemeines Verwaltungsrecht, 6. Aufl., 2016, Rn. 429.

[23] S. BVerfGE 138, 125 (133).

[24] S. *Domgörgen, Ulf*, in: Hömig/Wolff (Hrsg.), Grundgesetz für die Bundesrepublik Deutschland, 12. Aufl., 2018, Artikel 54 Rn. 1.

[25] S. VerfGH NRW, NVwZ 2009, 1096 (1098).

[26] H.M., s. *von Arnauld, Andreas*, in: von Münch/Kunig (Hrsg.), Grundgesetz Kommentar, Band 1, Präambel, Artikel 1–69, 6. Aufl., 2012, Artikel 54 Rn. 18; *Fritz, G.*, in: Kahl/Waldhoff/Walter, Bonner Kommentar zum Grundgesetz, Stand: 178. Aktualisierung April 2016, 2016, Artikel 54 Rn. 258; *von Coelln, Christian*, in: Gröpl/Windthorst/von Coelln, Studienkommentar GG, 3. Aufl., 2017, Artikel 54 Rn. 6, a.A. aber z.B. *Oberrath, Jörg-Dieter*, Staatsrecht, 2. Aufl., 2016, Rn. 96.

se Parteikoalitionen geschmiedet, um zu entscheiden, wer der Gewinner sein soll. Somit ist der Kanzler bei der Wahl des Präsidenten von direkter Bezogenheit bis hin zur freien Entscheidung, wer gewinnen soll, involviert. Sollten Umfragen ergeben, dass die von insbesondere im Bundestag Mehrheitsparteien ausgewählte Person, mit dem übereinstimmt, den die Befragten bevorzugen,[27] kann dies nur als Zufall betrachtet werden (zudem wird die von den Befragten bevorzugte Person vielleicht nur mit relativer Mehrheit präferiert)[28]; schließlich hat das Volk nicht die Möglichkeit seine Meinung infolge eines Wahlkampfes zu ändern. Die demokratische Legitimität des Bundespräsidenten erscheint insofern fragwürdig. Niemals haben die deutschen Bürger auch nur indirekt entscheiden können, wer Bundespräsident werden soll. Insbesondere bei Bundestagswahlen wird durch keine Partei ihr Kandidat für die nächste Bundespräsidentenwahl genannt. Zudem finden bis jetzt auch keine parteiinternen Urwahlen statt. Somit geben die Bürger schon bei der Bundestagswahl eine Art Blankoscheck an die Parteispitzen für die nächste Wahl des Bundespräsidenten.[29] Diese gehen jedoch nicht immer

---

27 S. *dpa*, Bundespräsident, Umfrage: Mehrheit für Steinmeier als Bundespräsidenten, 2016, abrufbar unter: http://www.sueddeutsche.de/news/politik/bundespraesident-umfrage-mehrheit-fuer-steinmeier-als-bundespraesi denten-dpa.urn-newsml-dpa-com-20090101-160610-99-251676 (Stand: 18.06.2018).

28 S. *vks/dpa*, Umfrage zu Gauck-Nachfolge, Mehrheit der Deutschen favorisiert Steinmeier, 2016, abrufbar unter: http://www.spiegel.de/politik/deutschland/gauck-nachfolge-mehrheit-der-deutschen-traut-steinmeier-das -amt-zu-a-1096816.html (Stand: 18.06.2018).

29 Cf. „Andreas Voßkuhle. Nur 10 Prozent trauen dem SPD-nahen Topjuristen das [Staatspräsidenten-]Amt zu, im Osten sogar nur zwei Prozent. Aber: Voßkuhle ist zwar einer breiten Öffentlichkeit unbekannt – bei der letzten Präsidentenwahl 2012 bot ihm die Kanzlerin das Schloß Bellevue dennoch an, was er aber zugunsten seines hohen Richteramtes ablehnte.", s. *Kerl, Christian*, Exklusiv-Umfrage, Bundespräsident: Die meisten Deutschen wollen Steinmeier, 2016, abrufbar unter: https://www.abendblatt.de/politik/article207665063/Bundespraesident-Die-meisten-Deutschen-wollen-Stein meier.html (Stand: 18.06.2018).

verantwortungsbewusst mit der Besetzung von Schloss Bellevue um.[30]

b) Demokratischere Wahl

aa) Aus der Sicht des Grundgesetzes

Der Bundespräsident wird grundgesetzlich viel demokratischer gewählt als der Bundeskanzler. Der Präsident sollte somit eine bessere demokratische Legitimität besitzen müssen als der Regierungschef. Der Kanzler wird nämlich einerseits nur durch den Bundestag auf eine für dieses Organ bis hin zu wenig verschiedene Art gewählt (s. Artikel 63 Absatz 4 Satz 1 GG), wogegen der Präsident immer durch einen besonderen Wahlkörper (die Bundesversammlung, Artikel 54 Absatz 1 Satz 1 GG) gewählt wird, der sowohl unitarische als auch föderative Elemente in sich vereinigt[31]. Andererseits ist schon der Wahlkörper kleiner und weniger wichtig bei der Kanzlerwahl als der bei der Präsidentenwahl; der Kanzler wird nämlich „nur" durch die Mitglieder des Bundestages gewählt (s. Artikel 63 GG),[32] wogegen der Präsident durch die Mitglieder des Bundestages zusammen mit einer gleichen Anzahl zusätzlicher Mitglieder gewählt wird (s. Artikel 54 Absatz 1 i.V.m. Absatz 3 GG). Somit war es nur in der Praxis bis zum heutigen Tage anders herum, wegen der Tatsache, dass der Kanzler meistens die vom Volk mehrheitlich

---

30 Im Herbst 1961 hatte Bundespräsident Lübke den Staatssekretär des Bundespräsidialamtes gebeten, ihn darauf aufmerksam zu machen, wenn er nicht mehr in der Lage wäre, sein Amt ordnungsgemäß auszuüben (s. *Herwarth von Bittenfeld, Hans-Heinrich*, Von Adenauer zu Brandt, Erinnerungen, 1990, S. 279). Anfang 1964 bekam der präsidiale Staatssekretär das Gefühl, dass Lübkes Kräfte nachließen und eine zweite Amtszeit nicht gut wäre (s. ibid). Lübke wurde trotzdem mit der Unterstützung beider großen Volksparteien Union und SPD wiedergewählt, und der Staatssekretär wurde noch im selben Jahr als Botschafter nach Rom geschickt (s. *DER SPIEGEL*, 49. Ausgabe 1964, S. 24).

31 S. S. 5.

32 S. dazu S. 17 ff.

gewollte Persönlichkeit war[33]. Angesichts der fundamentalen Demokratieerfordernis gemäß Artikel 20 Absatz 1 i.V.m. Artikel 79 Absatz 3 GG kann dies aus Sicht des Grundgesetzes kaum als befriedigend angesehen werden.

bb) Im Folge einer umkämpften Wahl

Plant eine Partei das Präsidentenamt politisch so aktiv nutzen zu wollen, wie das Grundgesetz es ihr nicht explizit verbietet, ist das demokratische Rückgrat ihres Kandidaten imperativ zu verbessern. Jedenfalls eine ordentliche Urwahl oder eine vergleichbare Regelung[34] in der Partei erschiene ergo als demokratische Pflicht. Ansonsten sollte zumindest die Regelung des § 9 Absatz 3 Satz 1 BPräsWahlG ausgenutzt werden (die Bundespräsidentenwahl erfolgt mit verdeckten amtlichen Stimmzetteln, mit anderen Worten, geheim). Von den abgelaufenen sechszehn Bundespräsidentenwahlen bekam der Sieger in zehn Fällen weniger als 53 % der Stimmen (1969 sogar weniger als 50 %) und gewann in diesen Fällen nur viermal im ersten Wahlgang.[35] Insbesondere wenn das Ergebnis absehbar knapp sein wird,[36] kann sich ein Präsidentenwahlkampf,[37] mit entsprechendem Wahlprogramm,[38] demnach lohnen, um Bun-

---

33 S. S. 18.

34 Denkbar wäre, dass bei der Wahl des Vorsitzenden bekannt ist, dass er automatisch der Präsidentenkandidat der Partei wäre im Falle einer Präsidentenwahl während seines Mandates.

35 S. *Deutscher Bundestag*, Die Bundesversammlungen seit 1949 – Dokumentation, o.A., abrufbar unter: https://www.bundestag.de/parlament/aufgaben/bundesversammlung/bundesversammlungen_seit_1949 (Stand: 18.06.2018).

36 Zuletzt im Jahre 2010, wo Christian Wulff erst im letzten Wahlgang mit 50,2 % der Stimmen schließlich gewählt wurde, s. Deutscher Bundestag, 14. Bundesversammlung der Bundesrepublik Deutschland, Mittwoch, den 30. Juni 2010 – Neudruck –, S. 8, abrufbar unter: https://www.bundestag.de/blob/486524/73c297a886873f943f86b1d42c2755e7/04-stenografischer-bericht-data.pdf (Stand: 18.06.2018).

37 Zur Möglichkeit s. S. 7.

38 2004 und ungeachtet der Mahnungen von verschiedenen Seiten, keinen Wahlkampf um das Amt des Bundespräsidenten zu führen, haben Horst Köhler (als Kandidat der Union und der FDP) und Gesine Schwan (als

desversammlungsmitglieder, die nicht mit dem Kandidaten ihrer Partei zufrieden wären, zu überzeugen, insgeheim anders zu wählen.[39] Bei kommende Landtags- und Bundestagswahlen kämpfen auch die Regierungsparteien erst mal für sich. Koalitionstreue bezüglich der Besetzung von Schloss Bellevue ist somit überhaupt nicht evident – und in diesem Sinne auch regelmäßig nicht geschehen.[40] Somit kann der Kanzler im Falle einer demokratischeren Wahl des Bundespräsidenten nur begrenzt eingreifen und erschöpft sich seinen Einfluss vor allem in der Möglichkeit, Wahlkampf zu führen wie vor einer Bundestagswahl.

2) In Frankreich

Ein zentrales Bestreben der Fünften Republik ist, den Staat wiederherzustellen durch das Stärken der Exekutive, geschlossen um den

---

Kandidatin der SPD und von Bündnis 90/DIE GRÜNEN) auseinanderklaffende harte Positionen vertreten; Schwan kündigte z.B. an, im Falle ihrer Wahl, „mithelfen [zu wollen], das Land aus dieser Krise zu führen", s. *FAZ*, 18.03.2004, S. 1.

39 Cf. 1999 die Wahl Raus zum Bundespräsidenten, obwohl die ihn offiziell unterstützenden Parteien keine absolute Mehrheit an Mitgliedern in der Bundesversammlung genossen, s. *Deutscher Bundestag*, Zusammensetzung nach Parteien und Ländern sowie nach Mitgliedern und Nicht-Mitgliedern von Landesparlamenten, o.A., abrufbar unter: https://www.bundestag.de/blob/486486/f9e4458ee186c8af60505e8156a1518d/03-zusammensetzung-nach-parteien-und-laendern-sowie-nach-mitgliedern-und-nicht-mitgliedern-der-landesparlamente-data.xlsx (Stand: 18.06.2018) i.V.m. *id.*, 11. Bundesversammlung der Bundesrepublik Deutschland, Berlin, Sonntag, den 23. Mai 1999, S. 15 abrufbar unter: https://www.bundestag.de/blob/486420/be69c53c0669baac7f3e22b893fef600/04-stenografischer-bericht-data.pdf (Stand: 18.06.2018).

40 S. *Bundeszentrale für politische Bildung*, Bundestagswahlen 1949-2009, 2005, abrufbar unter: https://www.bpb.de/politik/wahlen/bundestagswahlen/62559/bundestagswahlen-1949-2009 (Stand: 18.06.2018) i.V.m. *Deutscher Bundestag*, Die Bundesversammlungen seit 1949 – Dokumentation, o.A., abrufbar unter: https://www.bundestag.de/parlament/aufgaben/bundesversammlung/bundesversammlungen_seit_1949 (Stand: 18.06.2018).

Präsidenten.[41] Der Präsident ist als Eckstein der Institutionen gedacht.[42] Dem entspricht auch eine direkte Wahl. Der Präsident wird demnach gemäß Artikel 6 Absatz 1 frz. Verfassung durch allgemeine, unmittelbare Wahlen für die Dauer von fünf Jahren gewählt. Es gibt recht strenge Wahlbedingungen (komplizierte Regel der sogenannten 500 Patenschaften)[43]. Einfache Bürger, also ohne von größeren Parteien mit vielen Volksvertretern Unterstützung zu bekommen, werden dadurch aber nicht daran gehindert, es zu versuchen.[44] Unter den Wählbarkeitsbedingungen gehört auch ein Mindestalter von 18 Jahren gemäß Artikel 3 II Absatz 1 Loi n° 62-1292 du 6 novembre 1962 relative à l'élection du Président de la République au suffrage universel [Gesetz Nr. 62-1292 vom 6. November 1962 bezüglich der Wahl des Präsidenten der Republik durch allgemeine Wahlen] i.d.g.F. i.V.m. LO[Loi Organique: Organgesetz]127 Wahlrechtsgesetzbuch (bis 2011: 23 Jahre). Anfangs unbegrenzt – auch wenn kein Präsident jemals für mehr als zwei Mandate gewählt wurde – hat die Verfassungsnovellierung vom 23. Juli 2008 die Zahl der aufeinanderfolgenden Amtszeiten eines Staatspräsidenten auf zwei begrenzt.[45] Der Präsident darf demnach unendlich oft wiedergewählt werden, solange er nicht mehr als zwei Mandate hinterei-

---

41 S. *Rouvillois, Frédéric,* Droit constitutionnel 2, La Ve République [Verfassungsrecht 2, Die Fünfte Republik], 5. Aufl., 2016, S. 19.

42 S. *Porteilla, Raphaël/Baghestani, Laurence,* Le président de la République, La fonction présidentielle sous la Ve République française. [Der Präsident der Republik, Die präsidiale Funktion unter der Fünften französischen Republik.], in: Verpeaux (Hrsg.), Les annales du droit 2018, Droit constitutionnel [Die Annalen des Rechts 2018, Verfassungsrecht], 2017, S. 114, 118.

43 S. Art. 3 I Loi n° 62-1292 du 6 novembre 1962 relative à l'élection du Président de la République au suffrage universel [Gesetz Nr. 62-1292 vom 6. November 1962 bezüglich der Wahl des Präsidenten der Republik durch allgemeine Wahlen] i.d.g.F.

44 S. z.B. 2017 mit dem zukünftigen Gewinner Emmanuel Macron oder mit dem kaum bekannten Arbeiter und Gewerkschafter Philippe Poutou.

45 S. Art. 3 Loi constitutionnelle n° 2008-724 du 23 juillet 2008 de modernisation des institutions de la Ve République [Verfassungsgesetz Nr. 2008-724 vom 23. Juli 2008 über die Modernisierung der Institutionen der Fünften Republik].

nander wahrnimmt –[46] dies ist unumstritten.[47] Als ehemaliger Präsident ist es Nicolas Sarkozy aber bis jetzt nicht gelungen, sich nach einer Pause wiederwählen zu lassen.[48] Der Präsident wird gemäß Artikel 7 Absatz 1 Satz 1 frz. Verfassung mit absoluter Mehrheit der abgegebenen gültigen Stimmen gewählt. In diesem Sinne[49] wurde aber nur De Gaulle 1958 gewählt. Somit wird stets am vierzehnten darauffolgenden Tag ein zweiter Wahlgang durchgeführt gemäß Artikel 5 Absatz 1 Satz 2 frz. Verfassung. Für diesen können sich gemäß Artikel 5 Absatz 1 Satz 3 frz. Verfassung und dem Prinzip einer Stichwahl nur die beiden Kandidaten zur Wahl stellen, die, gegebenenfalls nach Rücktritt der Kandidaten, die mehr Stimmen auf sich vereinigt haben, im ersten Wahlgang die meisten Stimmen erhalten haben. Der Präsident hat durch seine heutige Wahl (so gut wie seit den Anfängen der Fünften Republik; 1958 wurde die neue Republik gegründet und De Gaulle indirekt gewählt, 1962 wurde das Kollegium abgeschafft und 1965 wurde De Gaulle nun unmit-

---

[46] Cf. mit Russland, s. *Tagesschau,* Läuft es 2024 wie 2008?, Putins Zukunftsplan, 2018, abrufbar unter: https://www.tagesschau.de/ausland/putin-ministerpraesident-101.html (Stand: 18.06.2018), wo Präsident Putin mit den Worten zitiert wird: „Ich habe mich immer genau an die russische Verfassung gehalten und werde mich weiter daran halten. Die Verfassung sagt deutlich, nicht mehr als zwei aufeinander folgende Amtszeiten. Erinnern Sie sich an das letzte Mal, als ich das Präsidentenamt verlassen habe".

[47] S. *Hamon, Francis/Troper, Michel,* Droit constitutionnel [Verfassungsrecht], 38. Aufl., 2017, Rn. 585.

[48] S. *L'Express,* Nicolas Sarkozy, l'ex-chef de l'État éliminé de la primaire à droite pour 2017 [Nicolas Sarkozy, ehemaliger Staatschef bei der Urwahl der Rechten für 2017 durchgefallen], o.A., abrufbar unter: https://www.lexpress.fr/actualite/politique/lr/nicolas-sarkozy-president-de-l-ump_1627363.html (Stand : 18.06.2018).

[49] 1958 wurde gemäß Art. 6 urspr. frz. Verfassung der Präsident durch ein unmittelbar gewähltes Kollegium von etwas mehr als 80 000 Wahlleuten indirekt gewählt – gegebenenfalls ebenfalls mit einer Stichwahl falls es keine absolute Mehrheit im ersten Wahlgang gab (s. Art. 7 urspr. frz. Verfassung); De Gaulle bekam 78,5 % der gültigen abgegebenen Stimmen, s. *La Documentation Française,* L'élection présidentielle du 21 décembre 1958 [Die Präsidentschaftswahl vom 21. Dezember 1958], 2012, abrufbar unter: http://www.ladocumentationfrancaise.fr/dossiers/elections-presidenftielles-cinquieme-republique/election-1958.shtml (Stand: 18.06.2018).

telbar wiedergewählt) zweifelsfrei eine größtmögliche Legitimität. Sie erhöht sich nur dank der zwei Wahlgängen, womit sichergestellt wird, dass der Präsident jedenfalls durch mindestens 50 % der Wähler + 1 eher gewollt war als sein demokratisch direkt gewählter Gegner. Der amtierende Regierungschef nimmt ohne Hemmungen am Wahlkampf teil.[50] Die Art der Wahl des Staatspräsidenten bedingt schon zum Teil seinen Platz im Rahmen der Institutionen.[51] Es erschiene nämlich unlogisch, Millionen von Wählern weltweit[52]

---

[50] S. z.B. 2012 Fillon für den Kandidaten seiner Partei Nicolas Sarkozy – s. *Béraud, Anne-Laetitia/Pereira, Acacio/Sulzer, Alexandre,* François Fillon: « Nicolas Sarkozy a prouvé qu'il savait faire face aux crises » [Premier François Fillon: „Präsident Nicolas Sarkozy hat bewiesen, dass er mit Krisen fertig werden konnte"], 2012, abrufbar unter: https://www.20minutes.fr/elections/917659-20120416-francois-fillon-nicolas-sarkozy-prouve-savait-faire-face-crises (Stand: 18.06.2018) – und 2017 Cazeneuve gegen die Kandidatin Le Pen – s. *Liabot, Thomas,* À Dijon, Cazeneuve appelle les socialistes à voter Macron [In Dijon ruft Premier Cazeneuve die Sozialisten dazu auf, den Präsidentschaftskandidaten Macron zu wählen], 2017, abrufbar unter: https://www.lejdd.fr/politique/a-dijon-cazeneuve-appelle-les-socialistes-a-voter-macron-3318434 (Stand: 18.06.2018) –.

[51] S. *Fraisseix, Patrick,* Droit constitutionnel, Tout le cours + des conseils méthodologiq ues [Verfassungsrecht, Der gesamte Stoff + methodologische Ratschläge], 6. Aufl., 2013, Rn. 228.

[52] Außer den Einwohnern des Territoriums Frankreich, das direkt an Deutschland grenzt, gibt es Millionen im Ausland wohnende Franzosen – die ihr Wahlrecht gegensätzlich zu Deutschland (s. § 12 Abs. 2 Nr. 1 BWahlG) nie auch nur vorübergehend verlieren – und Millionen Einwohner auf den vielen Übersee-Gebiete – bis hin auf die Inseln Wallis und Futuna am anderem Ende der Welt, wo es etwa noch von der Republik anerkannte Königreiche gibt, s. einerseits (Wahlrecht) Art. 2 Satz 2 Loi n° 61-814 du 29 juillet 1961 conférant aux îles Wallis et Futuna le statut de territoire d'outre-mer [Gesetz Nr. 61-814 vom 29. Juli 1961 welches den Inseln Wallis und Futuna den Überseeterritorium Statut verleiht] i.d.g.F. und andererseits (Königreiche) Art. 3 Satz 1 desselben Gesetzes i.V.m. z.B. *Ferrante, Patrick,* Futuna: intronisation sans incident à Sigave [Futuna: Inthronisierung ohne Inzidente in Sigave], 2016, abrufbar unter: https://la1ere.francetvinfo.fr/wallisfutuna/futuna-intronisation-sans-incident-sigave-338412.html (Stand: 18.06.2018).

tagelang[53] zu mobilisieren, um einen mit wenig Macht ausgestatten Präsidenten zu designieren.[54] *Cum grano salis* wird sogar kein Politiker in Europa durch mehr Menschen direkt gewählt als der französische Präsident – auch wenn man nur die Wähler, die im kontinentalen Frankreich wohnen, berücksichtigen würde.[55]

3) Gemeinsamkeiten und Differenzen

Die Wahl des Präsidenten ist in beiden Ländern auf das gesamte Volk zurückzuführen. In Frankreich findet seit kurz nach dem Beginn der aktuellen Republik eine unmittelbare Wahl statt. In Deutschland hingegen findet eine indirekte Wahl mittels der Bundesversammlung statt. In beiden Ländern bevorzugt das Volk eine Direktwahl. Nur in Frankreich wurde dies 1962 umgesetzt. Nach den Erfahrungen der jeweils vorausgegangenen Republik wurde das Staatsoberhaupt in Deutschland eher für repräsentative Zwecke gedacht, wogegen es in Frankreich nunmehr der Eckstein der Institutionen sein sollte. In Deutschland darf niemand vor dem Ablauf seines 40. Lebensjahres Staatspräsident werden. Angesichts der Tatsache, dass sein französischer Amtskollege eine viel mächtigere und daher verantwortungsvollere Aufgabe innerhalb des Landes wahrnehmen muss, ist es interessant hervorzuheben, dass er schon mit 18 wählbar ist (bis 2011: mit 23). Demzufolge hätte Macron, nun unter anderem Besitzer der Verfügungsgewalt über Kernwaffen,[56]

---

53 Zwei Tage – wegen der verschiedenen Zeitzonen – pro Wahlgang, s. *Ministère de l'Intérieur*, Élection présidentielle 2017, Les dates clés [Präsidentschaftswahl 2017, Die Schlüsseldaten], 2017, abrufbar unter: https://www.interieur.gouv.fr/Publications/Nos-infographies/Elections-citoyennete/Election-presidentielle-2017/Les-dates-cles (Stand: 18.06.2018).

54 S. *Esplugas-Labatut, Pierre*, in: Caporal-Gréco, Stéphane/Esplugas-Labatut, Pierre/Ségur, Philippe/Torcol, Sylvie, Droit constitutionnel [Verfassungsrecht], 2017, S. 225.

55 Soweit man die sich zum allergrößten Teil in Asien befindenden Staaten Russland und Türkei ausschließt.

56 S. S. 90 f.

wegen seines fehlenden Erreichens des vierzigsten Lebensjahres[57] in Deutschland noch nicht zum Präsidenten gewählt werden dürfen. Das präsidiale Mandat beträgt in beiden Ländern fünf Jahre – in Frankreich aber erst seit 2002 (früher: sieben Jahre). In keinem der beiden Länder darf der Präsident mehr als zwei Mandate hintereinander wahrnehmen (bis zu einer Verfassungsnovellierung im Jahre 2008 durfte der französische Amtsinhaber theoretisch unbegrenzt wiedergewählt werden; mehr als eine anschließende Wiederwahl geschah aber in der Praxis doch nicht)[58]. In Frankreich ist es im Gegensatz zu Deutschland unumstritten, dass der Präsident unendlich oft wiedergewählt werden kann, solange er nicht mehr als zwei Mandate hintereinander wahrnimmt. In beiden Ländern ist es unterschiedlich schwer, zum Präsidenten gewählt zu werden: in Frankreich gibt es recht strenge Wahlbedingungen und in Deutschland darf zwar grundsätzlich jeder Bundesbürger kandidieren, aber die entscheidende Wahl wird nicht durch seine Mitbürger durchgeführt, sondern durch die Bundesversammlung. In Frankreich tobt im Vorfeld der Präsidentenwahl der größte Wahlkampf, den die Republik zu bieten hat;[59] in Deutschland fällt die Präsidentenwahl im Vergleich dazu kaum auf. In beiden Ländern kann es mehrere Wahlgänge geben. Beachtenswert ist jedoch, dass mit dem gegebenenfalls notwendig gewordenen zweiten Wahlgang in Frankreich (Stichwahl) die demokratische Legitimität des Gewinners automatisch verbessert wird, wogegen mit dem zweiten und dritten Wahlgang in Deutschland die Legitimität des Gewinners in aller Regel sinkt. Die Art ihrer Wahl sollte in beiden Ländern auf ihren Platz inmitten der Institutionen eigentlich schon hindeuten. Doch ist dies *bis dato* nur in Frankreich der Fall. In Deutschland handeln die Bun-

---

57 S. *Elysée,* Emmanuel Macron - Biographie, 2017, abrufbar unter: http://www.elysee.fr/la-presidence/emmanuel-macron-biographie/ (Stand: 18.06.2018).

58 Cf. in den Vereinigten Staaten von Amerika bis Roosevelt, der sich für mehr als zwei Mandate wählen ließ, s. *Buckley, F. H./Metzger, Gillian,* Common Interpretation, Twenty-Second Amendment, o.A., abrufbar unter: https://constitutioncenter.org/interactive-constitution/amendments/amendment-xxii (Stand: 18.06.2018).

59 S. S. 93 f.

despräsidenten unterhalb ihrer eigentlichen verfassungsrechtlichen Spielräume. Dies hängt auch damit zusammen, dass in Frankreich die Staatsoberhäupter infolge einer hart umkämpften Wahl an die Macht gekommen sind, wogegen ihre deutschen Amtskollegen ihren Sieg nicht immer ganz durchsichtigen politischen Absprachen zu verdanken haben. *De facto* hat das deutsche Volk im Gegensatz zum französischen bis jetzt nur äußerst indirekt entscheiden können, wer die Spitze des Staates bekleiden soll.

II) Wahl des Regierungschefs sowie weitere Regierungsbildung

1) In Deutschland

a) Im Falles eines traditionell gewählten Bundespräsidenten

Der Bundeskanzler wird gemäß Artikel 63 Absatz 1 GG auf Vorschlag des Bundespräsidenten vom Bundestage ohne Aussprache gewählt. Die Bundesminister werden gemäß Artikel 64 Absatz 1 GG auf Vorschlag des Bundeskanzlers vom Bundespräsidenten ernannt und entlassen. Die Bedeutsamkeit der Regierungsbildung kann nicht überschätzt werden. Sie ist eine der zentralsten Entscheidungen, die überhaupt in einem Land getroffen werden können. Folgen können sogar schon vor überhaupt irgendeiner Entscheidung der Regierung entstehen, etwa bei der Besetzung[60] oder Änderung[61] mancher Ministerien oder gar schon bei der bloßen Bekanntgabe,

60 S. z.B. *DER STANDARD*, Van der Bellen will Vilimsky und Gudenus nicht angeloben, Zuvor hatte der Bundespräsident in informellen Gesprächen schon vor einem blauen Innen- und Außenminister gewarnt, 2017, abrufbar unter: https://derstandard.at/2000067879347/Van-der-Bellen-nennt-Vilimsky-und-Gudenus-nicht-ministrabel (Stand: 18.06.2018).

61 S. z.B. VerfGH NRW NJW 1999, 1243, 1244.

welche Parteien an der Regierung teilnehmen *werden*[62]. Laut Grundgesetz kann keine Regierungsbildung ohne Mitwirkung des Bundespräsidenten erfolgen. Insbesondere mittels des Vorschlagsrechts spielt der Präsident von Anfang an eine eminente Rolle. Der Bundestag kann nämlich nur *nach* der (gescheiterten) Wahl des durch den Präsidenten vorgeschlagenen Kandidaten eine bestimmte Person zum Kanzler wählen (s. Artikel 63 Absatz 3 GG). „Anfang" ist vielleicht viel gesagt, denn die Wahl des Bundeskanzlers erfolgt in aller Regel im Anschluss an eine umkämpfte Bundestagswahl – wo sich der Bundespräsident praxisgemäß eher neutral zu verhalten hat. Obwohl die Kanzlerwahl indirekt stattfindet, kann das Volk somit *de facto* trotzdem entscheiden, wer Regierungschef werden soll. Normalerweise wird dementsprechend der als solcher während des Bundestagswahlkampfes bekanntgegebene Kanzlerkandidat der Union oder der SPD zum Regierungschef gewählt. Davon gab es bis jetzt nur drei Ausnahmen – zuletzt 1982.[63] Im Vereinigten Königreich zum Beispiel, an sich ein Monument der Demokratie, schafft nahezu jeder zweite Regierungschef ohne allgemeine Parlamentswahl den Einzug in 10 Downing Street – zuletzt noch 2016.[64] Gemäß Artikel 63 Absatz 2 Satz 1, beziehungsweise Absatz 3 GG ist gewählt, wer die Stimmen der Mehrheit der Mitglieder des Bundestages auf sich vereinigt. Die Mehrheit der Mitglieder des Bundestages ist gemäß Artikel 121 GG die Mehrheit ihrer gesetzlichen Mitgliederzahl. Wartet demnach der Präsident mit seinem Vorschlag, müssen alle auf eine neue Regierung warten. Dies ist in der Regel immer der Fall gewesen, bis eine Koalitionsvereinbarung stand. Insofern ist

---

62 S. z.B. *Schauer, Martin*, Die Maßnahmen der 14 in der rechtswissenschaftlichen Analyse, in: Busek, Erhard/Schauer, Martin (Hrsg.), Eine europäische Erregung, Die „Sanktionen" der Vierzehn gegen Österreich im Jahr 2000, Analysen und Kommentare, 2003, S. 189, 190 ff.

63 1963 Ludwig Erhard, 1974 Helmut Schmidt und 1982 Helmut Kohl.

64 S. *UK Government*, History, Past Prime Ministers, o.A., abrufbar unter: https://www.gov.uk/government/history/past-prime-ministers (Stand: 18.06.2018); *Worthy, Ben*, The take-over: Prime Ministers without a popular mandate, 1916-2016, 2016, abrufbar unter: http://blogs.lse.ac.uk/politicsandpolicy/the-take-over-prime-ministers-without-a-popular-mandate-1916-2016/ (Stand: 18.06.2018).

sein Warten sogar hilfreich, wenn nicht gar erwünscht, denn der Bundestag hat gemäß Artikel 63 Absatz 3 GG nur vierzehn Tage, beziehungsweise gemäß Artikel 63 Absatz 4 GG unverzüglich danach, Zeit, um mit mehr als der Hälfte seiner Mitglieder einen Bundeskanzler zu wählen, sollte der Vorgeschlagene nicht mit Kanzlermehrheit[65] gewählt worden sein. Dies könnte oft als ein zu enger Zeitraum durch die Parteien erachtet werden. Die Tatsache, dass die Verfassung eine zügige Erledigung des ersten Wahlganges fordert, muss nämlich nicht zu einer starren Zeitgrenze führen.[66] Der Gewählte ist gemäß Artikel 63 Absatz 3 Satz 2 beziehungsweise Absatz 4 Satz 2 GG vom Bundespräsidenten zu ernennen. Im noch nie geschehenen Fall,[67] dass ein Kandidat zwar die meisten Stimmen, aber keine Kanzlermehrheit erhalten haben sollte, hat der Präsident gemäß Artikel 63 Absatz 4 Satz 3 GG die Wahl zwischen der Ernennung des Gewählten und der Auflösung des Bundestages. Außer vielleicht in absoluten Ausnahmefälle sollte es keine offensichtlich richtige beziehungsweise falsche Entscheidung im Rahmen des Artikels 63 Absatz 4 Satz 3 GG geben und insofern wäre der Präsident völlig frei. Noch nie hatte ein Präsident sich bis 2017 über das Warten mit dem Vorschlagen einer Person für das Kanzleramt hinaus in eine Regierungsbildung eingemischt.[68] Eine Einmischung des Staatsoberhauptes in die Regierungsbildung wird durch das Grundgesetz weder erlaubt noch verboten. Daher muss das diesbezüglich vorgabefreie Grundgesetz ausgelegt werden. Eine ständige und gefestigte Rechtsprechung des Bundesverfassungsgerichts bezüglich dieser Frage, überhaupt irgendwelche Rechtsprechung, fehlt. Somit wird insofern verfassungsrechtliches Neuland betreten.

---

65 Absolute Mehrheit der Abgeordnetenstimmen, s. *Die Bundesregierung*, Wie geht es weiter mit der Regierungsbildung?, 2018, abrufbar unter: https://www.bundesregierung.de/Content/DE/Artikel/2017/10/2017-10-24-faq-regierungsbildung.html (Stand: 18.06.2018).

66 S. *Höfling, Wolfram*, Fälle zum Staatsorganisationsrecht, 5. Aufl., 2014, S. 142.

67 S. nur *Bräutigam, Frank*, FAQ zur Regierungsbildung, Das „Heft des Handelns" und viel Neuland, 2017, abrufbar unter: https://www.tagesschau.de/inland/regierungsbildung-faq-101.html (Stand: 18.06.2018).

68 Mit einmaliger Ausnahme von Bundespräsident Lübke während seiner zweiten Amtszeit, i.Ü. vergeblich (s. S. 57 f.).

Die Ansicht, alles was dem Präsidenten nicht explizit erlaubt sei, soll ihm verwehrt sein, ist prinzipiell ebenso gut vertretbar wie ihr Gegenteil. Vielleicht liegt im deutschen Fall die restriktive Ansicht sogar noch aus geschichtlichen Gründen am nächsten.[69] Erstens haben die Verfassungseltern die Befugnisse und Aufgaben des Präsidenten bewusst und gewollt gegenüber der Weimarer Republik beschnitten;[70] die Verfassungsrechtsprechung und -lehre ist wohl schon aus diesem Grund traditionell restriktiv gegenüber dem Präsidenten eingestellt. Zweitens haben die Bundespräsidenten am öftesten viel Zurückhaltung ausgeübt bei ihren Entscheidungen, um das Staatsoberhaupt noch mehr in den Hintergrund zu rücken[71]. Daher kann es als ein zwar rechtlich vertretbarer Schritt des Präsidenten gesehen werden, soweit er trotz suboptimaler demokratischer Legitimation dieses Neuland betreten möchte, aber keinesfalls als selbstverständlich – wenn nicht sogar (verfassungs)rechtswidrig und insofern im höchsten Maße abhängig von der Rezeption[72]. Einen Präzedenzfall hat es nun in den Jahren 2017 und 2018 gegeben während des Ringens um die Bildung eines Kabinetts Merkel IV.[73]

---

69 Cf. S. 43.

70 S. S. 2.

71 Etwa wie Bundespräsident Lübke früher zurücktreten, damit die Bundespräsidentenwahl nicht mit der Bundestagswahl zusammenfällt, s. S. 41.

72 Sollte Deutschland (Entscheidungsträger, politische Schwergewichte, Organe, substantielle Mehrheit der Bürger, etc.), skandalisiert reagieren, wie der Präsident es wagt, sich in so etwas Wichtiges wie die Regierungsbildung einmischen zu wollen, kann das Bundesverfassungsgericht, ohne eine ernste Verfassungskrise auslösen zu wollen (die wohl nur mittels einer Verfassungsreform zu lösen wäre – und zwar zu Lasten des Bundesverfassungsgerichts), nur schwer den Gegenpol zur Nation vertreten – cf. mit der Kraftprobe zwischen F.D. Roosevelt und dem Obersten Gerichtshof der Vereinigten Staaten, die zugunsten des Präsidenten ausfiel, s. zum Ganzen *Federal Judicial Center*, FDR's „Court-Packing" Plan, o.A., abrufbar unter: https://www.fjc.gov/history/timeline/fdrs-court-packing-plan (Stand: 18.06.2018) – und zu Gunsten einer Rechtmäßigkeit entscheiden. Im gleichen Sinne kann das Bundesverfassungsgericht sich, falls Deutschland es eklatant begrüßen sollte, kaum diesbezüglich Deutschland gegenüber quer stellen und zu Gunsten einer Rechtswidrigkeit entscheiden.

73 S. S. 24 ff.

Ein eigener Entscheidungsspielraum steht dem Bundespräsidenten für die Ernennung und gegebenenfalls Entlassung der weiteren Regierungsmitgliedern grundsätzlich nicht zu. Er darf sich auch dann nicht weigern, durch den Kanzler ausgewählte Personen zu Ministern zu ernennen, wenn der Kanzler sich nicht an eine gegebenenfalls gegebene Koalitionsvereinbarung hält.[74] Eine zwingende Ausnahme zur bloßen Ausführung des Kanzlerwillens bezüglich der Regierungsbesetzung soll nur in Fällen gelten, in denen eine Ernennung oder Entlassung eines Bundesministers der präsidialen Evidenzkontrolle[75] gemäß Artikel 82 Absatz 1 Satz 1 GG analog nicht standhält.[76] Ausgangspunkt ist hier wie dort die Bindung des Bundespräsidenten an Gesetz und Recht gemäß Artikel 20 Absatz 3 GG; somit besitzt der Bundespräsident die Befugnis, die rechtlichen Voraussetzungen für die Ernennung zu kontrollieren, etwa die Amtsfähigkeit (§ 45 StGB) oder Inkompatibilitäten (Artikel 66 GG, §§ 4 f. BMinG).[77] Eine solche Kontrolle ist notwendig, weil der Bundestag unmöglich gleichzeitig denselben Kanzler weiterhin unterstützen kann und die verfassungsrechtlich problematische Personen entfernen kann (s. Artikel 67 Absatz 1 i.V.m. Artikel 69 Absatz 2 Halbsatz 2 GG). Zudem ist das Stürzen eines Kanzlers wegen des Systems des positiven Misstrauensvotums gemäß Artikel 67 Absatz 1 Satz 1 GG oft schwierig – bis hin zu unmöglich.[78]

---

74 S. *Grupp, Klaus/ Stelkens, Ulrich/Trésoret, Julie-Andrée/Seifert, Olivia,* Chefsache: Lösungsvorschlag zur Frage 1, 2018, abrufbar unter: http://www.saarheim.de/Faelle/chefsache-loesung1.htm (Stand: 18.06.2018).

75 S. S. 45 ff.

76 S. *Gröpl, Christoph,* Staatsrecht I, Staatsgrundlagen, Staatsorganisation, Verfassungsprozess, mit Einführung in das juristische Lernen, 9. Aufl., 2017, Rn. 1261 f.; *Degenhart, Christoph,* Staatsrecht I, Staatsorganisationsrecht, Mit Bezügen zum Europarecht, 33. Aufl., 2017, Rn. 794.

77 S. *Geis, Max-Emanuel,* Examens-Repetitorium Staatsrecht, Staatsorganisationsrecht und Grundrechte, 2. Aufl., 2014, Rn. 299.

78 Bis jetzt nur einmal mit dem Einzug 1982 von Helmut Kohl ins Kanzleramt gelungen (1972 fehlten zwei Stimmen), s. *Oberrath, Jörg-Dieter,* Öffentliches Recht, mit Europarecht und Öffentliches Wirtschaftsrecht, Lernbuch, Strukturen, Übersichten, 6. Aufl., 2017, Fn. 40.

b) Im Falle eines demokratisch besser gewählten Bundespräsidenten

Der Bundespräsident kann in derselben Weise als der Kanzler an dem Bundestagswahlkampf teilnehmen. Der Bundespräsident ist jedoch nach der Wahl auch an ein ihm missliebigen Ergebnis gebunden. Wegen der grundgesetzlich festgelegten Eile in Artikel 63 Absätze 3 und 4 GG erscheint es sonach als einen klage- und u.U. sogar amtsenthebungswürdigen Grund, wenn der Präsident leichtfertig rasch von seinem Vorschlagsrecht (und -pflicht) gemäß Artikel 63 Absatz 1 GG Gebrauch macht. Koalitionsgespräche, die länger brauchen (etwa weil keine Wunschkoalition eine Mehrheit haben würde und somit an sich gegnerische Parteien verhandeln müssen)[79], würden so auf unangemessener Weise abgewürgt. Des Weiteren hat der Präsident – außerhalb der evidenten Prüfungskompetenz – auch weiterhin den Kandidaten als Kanzler vorzuschlagen, den die Bundestagsparteien wollen[80]. Wegen des Ausflusses der

---

79 S. etwa 2013 *Der Bundeswahlleiter*, Bundestagswahl 2013, Ergebnisse, 2013, abrufbar unter: https://www.bundeswahlleiter.de/bundestagswahlen/2013/ergebnisse.html (Stand: 18.06.2018) – es sollte damals die längste Regierungsbildung werden, s. *Ferber, Martin*, Wiedergewählt: Angela Merkel, die Dritte, 2013, abrufbar unter: https://www.augsburger-allgemeine.de/politik/Wiedergewaehlt-Angela-Merkel-die-Dritte-id28154937.html (Stand: 18.06.2018) –.

80 Meist der Vorsitzende der Partei mit den meisten Sitzen im Parlament oder zumindest der Vorsitzende der größten und voraussichtlich an der Regierung teilnehmenden Partei im Parlament – cf. statt aller *Die Welt*, Merkel: Die stärkste Fraktion stellt den Kanzler, 2005, abrufbar unter: https://www.welt.de/politik/article165796/Merkel-Die-staerkste-Fraktion-stellt-den-Kanzler.html (Stand: 18.06.2018) –, aber auch andere Fallkonstellationen sind denkbar; etwa, dass die stärkste voraussichtlich an der Regierung teilnehmende Partei eben nicht den Regierungschef stellt – s. *UK Government*, History, Past Prime Ministers, David Lloyd George, o.A., https://www.gov.uk/government/history/past-prime-ministers/david-lloyd-george (Stand: 18.06.2018) i.V.m. *Audickas, Lukas/Hawkins, Oliver/Cracknell, Richard*, UK Election Statistics: 1918-2017, 2017, S. 7, abrufbar unter: researchbriefings.files.parliament.uk/documents/CBP-7529/CBP-7529.pdf (Stand: 18.06.2018) –, die Vorsitzenden der koalierenden Parteien sich an der Spitze der Regierung abwechseln werden – s. *Knesset*, What is a „rotati-

exekutiven Macht des Regierungschefs dürfte er sich – im Gegensatz zu Frankreich –[81] auch nicht bezüglich bestimmter Posten weigern, eine bestimmte Person zu ernennen beziehungsweise zu entlassen. Weigerungen und damit eingehende zeitliche Verluste könnten gerügt werden wegen evident fehlerhafter Erfüllung seiner Aufgaben. Falls die Ereignisse eine Anwendung von Artikel 67 Absatz 1 GG voraussehen lassen würden, dürfte der Präsident ohne Hemmungen seine Meinung äußern.

---

on"? When was there "rotation" in the Knesset and in the Government?, o.A., abrufbar unter: https://www.knesset.gov.il/main/eng/trivia/trivia_details_eng.asp?t_id=23 (Stand: 18.06.2018) – oder auch, dass sie sich auf einen Dritten einigen – s. *ildenaro.it,* Di Maio-Salvini: „Governo politico con Conte premier", Tria per l'Economia [M5S-Parteiführer Di Maio und Lega Nord-Parteiführer Salvini: „Politische Regierung mit Conte als Premier", Professor Tria für das Wirtschaftsministerium], 2018, abrufbar unter: https://www.ildenaro.it/di-maio-salvini-governo-politico-con-conte-premier-tria-per-leconomia/ (Stand: 18.06.2018) i.V.m. *Presidenza della Repubblica,* Cerimonia di giuramento del Governo Conte [Vereidigungszeremonie der Conte-Regierung], 2018, abrufbar unter: http://www.quirinale.it/elementi/Continua.aspx?tipo=Comunicato&key=3933 (Stand: 18.06.2018) und *ANSA,* Fiducia al Senato e alla Camera – Parte il governo Gonte [Vertrauen sowohl vom Senat als auch von der Abgeordnetenkammer – Die Regierung Conte startet], 2018, abrufbar unter: http://www.ansa.it/sito/notizie/politica/2018/06/06/governo-fiducia-camera-conte_2c51cf80-d0c3-46d0-9fc0-e4ea60ef732d.html (Stand: 18.06.2018); *in concreto* glückte es aber erst im zweiten Anlauf, wegen der Weigerung des Staatspräsidenten, den im zweiten Anlauf Europaminister gewordene Paolo Savona als Wirtschaftsminister zu ernennen, s. *Custodero, Alberto,* Scontro istituzionale sul nuovo governo. Conte rinuncia, Mattarella convoca Cottarelli. "No a un ministro dell'Economia antieuro". E Di Maio e Meloni invocano impeachment [Institutionskonflikt um der neuen Regierung. Designierter Premier Conte verzichtet, Staatspräsident Mattarella bestellt Cotarelli ein. „Nein zu einem anti-Euro Wirtschaftsminister". Sowohl M5S-Parteiführer Di Maio als auch FdI-Parteiführerin Meloni fordern die Amtsenthebung des Staatspräsidenten], 2018, abrufbar unter: http://www.repubblica.it/politica/2018/05/27/news/il_premier_incaricato_rimette_il_mandato-197504092/ (Stand: 18.06.2018).

81 S. S. 36 f.

c) Die Regierungsbildung 2017–2018

aa) Der Rahmen

Die Bundestagswahl 2017 ergab eine ganz besondere Situation: Die CDU/CSU-Fraktion stellte mit 246 von insgesamt 709 Sitzen die größte Fraktion dar. Zweitstärkste Kraft wurde die SPD mit 153 Sitzen.[82] Die AfD erhielt 94 Sitze, die FDP 80, die Linke 69 und Bündnis 90/Die Grünen 67. Mit der AfD zog zum ersten Mal der Geschichte der Bundesrepublik eine möglicherweise rechtsextreme[83] Partei ein.[84] Alle anderen Bundestagsparteien hatten vor der Wahl rigoros ausgeschlossen, mit der AfD koalieren zu wollen.[85] Somit blieben rechnerisch nur zwei Koalitionsmöglichkeiten übrig, die eine Regierungsmehrheit garantieren würden; entweder eine Neuauflage der Großen Koalition oder eine sogenannte Jamaika-Koalition zwischen Union, FDP und Bündnis 90/Die Grünen. Die SPD kündigte aber noch am Wahlabend an, sie wolle keine Koalition mit der Union bilden.[86] Nach vier Wochen Sondierungsgespräche in Richtung einer Jamaika-Koalition erklärte der Parteivorsitzende

---

82 S. *Der Bundeswahlleiter*, Bundestagswahl 2017, Ergebnisse, 2017, abrufbar unter: https://www.bundeswahlleiter.de/bundestagswahlen/2017/ergebnisse.html (Stand: 18.06.2018).

83 S. LG Gießen, Urteil v. 23.03.2018, Az. 3 O 5/18.

84 S. *Zicht, Wilko*, Ergebnisse der Bundestagswahlen, 2017, http://www.wahlrecht.de/ergebnisse/bundestag.htm (Stand: 18.06.2018) i.V.m. *Deutscher Bundestag*, Bundestagswahlergebnisse seit 1949 - Zweitstimmen, o.A., abrufbar unter: https://www.bundestag.de/parlament/wahlen/ergebnisse_seit1949/244692 (Stand: 18.06.2018).

85 S. *Steinharter, Hannah*, Bündnisse nach der Bundestagswahl – Parteien spielen Wünsch-dir-was, 2017, abrufbar unter: http://www.handelsblatt.com/politik/deutschland/bundestagswahl/alle-schlagzeilen/buendnisse-nach-der-bundestagswahl-parteien-spielen-wuensch-dir-was/20316568-all.html, (Stand: 18.06.2018).

86 S. *Börnsen, Wenke*, SPD wird Oppositionspartei – Flucht nach vorn, 2017, abrufbar unter: https://www.tagesschau.de/inland/btw17/schulz-spd-opposition-103.html (Stand: 18.06.2018).

der FDP am 19. November 2017 die Verhandlungen für gescheitert.[87] Nur Stunden nach dem Scheitern der Gespräche schloss der SPD-Vorstand erneut eine Neuauflage der Großen Koalition kategorisch aus.[88] Neuwahlen oder eine Minderheitsregierung wurden somit die einzig übriggebliebene Lösung. Eine Minderheitsregierung wird *ex definitione* stets auf jedenfalls Teile der Opposition angewiesen sein, um auch nur dringend benötigte Reformen durchsetzen zu können. Neuwahlen kostet unter anderem Zeit und garantieren keinesfalls ein weniger problematisches Ergebnis.[89] Deutschland war erschüttert. „Jamaika-Aus" wurde von der Gesellschaft für die deutsche Sprache zum Wort des Jahres 2017 gewählt.[90] Regierungsangelegenheiten wurden durcheinandergebracht.[91] Die Lage wurde teilweise von „sehr ernst"[92] über „Weimarer Drama"[93] bis hin zu einer neuen

---

87 S. *ZEIT ONLINE*, Sondierungsgespräche – FDP bricht Jamaika-Sondierung ab, 2017, abrufbar unter: https://www.zeit.de/politik/2017-11/fdp-bricht-jamaika-sondierung-ab (Stand: 18.06.2018).

88 S. *Tagesschau*, Einstimmige Entscheidung – SPD bleibt beim Nein zur GroKo, 2017, abrufbar unter: https://www.tagesschau.de/inland/jamaika-spd-103.html (Stand: 18.06.2018); *Henze, Arnd*, Ein Jahr als Bundespräsident, Mutmacher in den Fängen des Protokolls, 2018, abrufbar unter: http://www.tagesschau.de/inland/steinmeier-ein-jahr-101.html (Stand: 18.06.2018).

89 Man denke beispielsweise an Katalonien, wo die die Zentralregierung störende separatistische Mehrheit im Regionalparlament wiedergewählt wurde, s. *El País*, Catalan election: separatists win most seats, Ciudadanos the most-voted party, 2017, abrufbar unter: https://elpais.com/elpais/2017/12/21/inenglish/1513880840_020831.html (Stand: 18.06.2018).

90 S. *GfdS*, Pressemitteilungen, GfdS wählt »Jamaika-Aus« zum Wort des Jahres 2017, 2017, abrufbar unter: https://gfds.de/wort-des-jahres-2017/ (Stand: 18.06.2018).

91 S. *Die Bundesregierung*, Regierungspressekonferenz vom 20. November 2017, 2017, abrufbar unter: https://www.bundesregierung.de/Content/DE/Mitschrift/Pressekonferenzen/2017/11/2017-11-20-regpk.html (Stand: 18.06.2018).

92 So CSU-Generalsekretär Scheuer, wie vom *Bayernkurier* berichtet, in dem Artikel „Sondierung, FDP lässt Jamaika platzen", 2017, abrufbar unter: https://www.bayernkurier.de/inland/30099-fdp-laesst-jamaika-platzen/ (Stand: 18.06.2018).

„Stunde Null"[94] beschrieben. Acht Wochen nach der Bundestagswahl waren alle Gespräche im Hinblick auf die Bildung einer Regierung gescheitert. Eine solche Situation hatte es in der Geschichte der Bundesrepublik, also seit immerhin fast siebzig Jahren, noch nie gegeben.[95] So schlimm wie die Lage empfunden wurde, war sie aber eigentlich gar nicht.[96]

---

93 S. *Conze, Eckart,* Regierungsbildung, Das alte Weimarer Drama?, 2017, abrufbar unter: https://www.zeit.de/2017/49/regierungsbildung-spd-grosse-koalition-weimar-reichstag (Stand: 18.06.2018).

94 S. die Überschrift „Stunde Null" (Untertitel: „Land ohne … Richtung, … Einigkeit, … Kanzlerin?") der 48. Ausgabe 2017 des Nachrichtenmagazins *DER SPIEGEL,* welches zudem eine nachdenkliche Merkel unten rechts abbildet und eine dunkle Großaufnahme des Gesichts von Lindner im Hintergrund.

95 S. aktueller Bundespräsident *Steinmeier,* Erklärung von Bundespräsident Steinmeier zur Regierungsbildung, 2017, abrufbar unter: http://www.bundespraesident.de/SharedDocs/Reden/DE/Frank-Walter-Steinmeier/Reden/2017/11/171120-Statement-Regierungsbildung.html (Stand: 18.06.2018).

96 S. den Beitrag des damaligen geschäftsführenden Bundesjustizminister sowie aktueller Bundesaußenminister *Maas, Heiko,* „Regierungsbildung, Das halten wir schon aus", 2017, abrufbar unter: https://www.zeit.de/2017/52/regierungsbildung-deutschland-verfassung-heiko-maas (Stand: 18.06.2018).

bb) Die Einmischung[97] des – traditionell gewählten –[98] Bundespräsidenten

Die Bildung einer arbeitsfähigen Regierung hatte, wie öffentlich bekannt, die Gunst des Bundespräsidenten.[99] In dem Moment, wo dies nicht mehr der Fall zu werden versprach, hat der Bundespräsident Steinmeier – traditionell gewählt – sich entschieden, einzugreifen. Für eine Koalition sind Kompromisse notwendig. Für Kompromisse ist erst einmal Kommunikation notwendig. Bei der Regierungsbildung spürte man gerade, wie mühsam dieses Prinzip sein kann.[100] Somit hat er beiden übriggebliebenen Optionen eine deutliche Absage erteilt, indem er unter ausdrücklichem Hinweis auf das Gemeinwohl erneute Gespräche zwischen den Parteien forderte: „Der Auftrag zur Regierungsbildung ist [...] ein hoher, vielleicht der höchste Auftrag des Wählers an die Parteien in einer Demokratie.

---

97 Wortwahl von *Ciesinger, Ruth* und *Portmann, Kai* in ihrem Artikel „Steinmeier spricht mit FDP-Chef Lindner und Grünen", 2017, abrufbar unter: https://www.tagesspiegel.de/politik/scheitern-der-jamaika-sondierung-steinmeier-spricht-mit-fdp-chef-lindner-und-gruenen/20605026.html (Stand: 18.06.2018).

98 Aber anscheinend war der Amtsinhaber Steinmeier der deutsche Politiker, von dem sich die Deutschen noch ein paar Monate zuvor am meisten gewünscht hatten, dass er künftig eine wichtige Rolle spielt (bei nur vier Politikern gab es überhaupt eine Mehrheit), s. *Statista,* Sollen diese Politiker künftig eine wichtige Rolle spielen? (im Juli 2017), 2018, abrufbar unter: https://de.statista.com/statistik/daten/studie/169582/umfrage/beliebtheit-von-politikern-in-deutschland/ (Stand: 18.06.2018).

99 S. aktueller Bundespräsident *Steinmeier,* Bundespräsident Frank-Walter Steinmeier zur Entlassung von Bundesministerin Andrea Nahles am 27. September 2017 in Schloss Bellevue, 2017, abrufbar unter: http://www.bundespraesident.de/SharedDocs/Reden/DE/Frank-Walter-Steinmeier/Reden/2017/09/170928-Nahles-Entlassung.html (Stand: 18.06.2018).

100 S. aktueller Bundespräsident *Steinmeier,* Bundespräsident Frank-Walter Steinmeier bei der Diskussionsveranstaltung der ZEIT-Stiftung „Was die Gesellschaft zusammenhält: Bürgerengagement und Stiftungen für ein starkes Gemeinwesen" am 22. Januar 2018 in Hamburg, 2018, abrufbar unter: http://www.bundespraesident.de/SharedDocs/Reden/DE/Frank-Walter-Steinmeier/Reden/2018/01/180122-Hamburg-Zeit-Stiftung.html (Stand: 18.06.2018).

Und dieser Auftrag bleibt."[101] Stunden, bevor das Scheitern der Jamaika-Verhandlungen öffentlich bekannt gegeben wurde, hatte der Bundespräsident schon indiziert, keine der beiden Optionen unterstützen zu wollen: „Ich erwarte, dass sich alle Seiten ihrer Verantwortung bewusst sind. Und mit dieser Verantwortung umzugehen heißt auch, den Auftrag nicht an die Wähler zurückzugeben. Der Bundespräsident kann keiner der neugewählten Parteien im Bundestag konkrete Vorgaben machen. Ich kann mir aber auch nicht vorstellen, dass die verhandelnden Parteien ernsthaft das Risiko von Neuwahlen heraufbeschwören wollen."[102] Die ungeheure Bedeutung der Einmischung eines traditionell gewählten Präsidenten in der Regierungsbildung kann kaum überschätzt werden, soweit verfassungsrechtlich fraglich ist, ob ihm das Recht dazu zusteht. Erst recht, wenn das Staatsoberhaupt keinen Widerspruch duldet.[103] Gespräche fanden dann aber auch statt.[104] Nach innerpar-

---

101 S. aktueller Bundespräsident *Steinmeier*, Erklärung von Bundespräsident Steinmeier zur Regierungsbildung, 2017, abrufbar unter: http://www.bundespraesident.de/SharedDocs/Reden/DE/Frank-Walter-Steinmeier/Reden/2017/11/171120-Statement-Regierungsbildung.html (Stand: 18.06.2018).

102 S. aktueller Bundespräsident *Steinmeier*, Bundespräsident Frank-Walter Steinmeier im Gespräch mit Peter Huth, Claudia Kade und Ulf Poschardt von der Welt am Sonntag im Amtszimmer von Schloss Bellevue, 2017, abrufbar unter: http://www.bundespraesident.de/SharedDocs/Reden/DE/Frank-Walter-Steinmeier/Interviews/2017/171119-Interview-Welt-am-Sonntag.html (Stand: 18.06.2018).

103 S. *dpa*, „Ich erwarte Gesprächsbereitschaft": Steinmeiers Rede zum Jamaika-Aus im Wortlaut, 2017, abrufbar unter: https://www.merkur.de/politik/unverstaendnis-und-sorge-gross-steinmeiers-rede-zum-jamaika-aus-im-wortlaut-zr-9378675.html (Stand: 18.06.2018), die Steinmeiers Intervention als „Mahnung" versteht und von einem „Machtwort" spricht.

104 S. *ZEIT ONLINE*, Regierungsbildung, Steinmeier lädt Parteichefs zu Gesprächen, 2017, abrufbar unter: https://www.zeit.de/politik/deutschland/2017-11/regierungsbildung-frank-walter-steinmeier-fdp-gruene-spd-union (Stand: 18.06.2018); *Birnbaum, Robert*, Steinmeier empfing Merkel, Seehofer und Schulz, 2017, abrufbar unter: https://www.tagesspiegel.de/politik/regierungsbildung-steinmeier-empfing-merkel-seehofer-und-schulz/20657860.html (Stand: 18.06.2018); *Handelsblatt*, Steinmeier redet auch mit Fraktionschefs von Linkspartei und AfD, Bundespräsident Frank-Walter Steinmeier zitiert jeden Parteichef zum Gespräch. Und in der SPD werden ersten

teilichen Turbulenzen, Sondierungsgesprächen Anfang Januar 2018 und dem Einverständnis des SPD-Parteitages (mit 56 %) wurde am 7. Februar 2018 ein Koalitionsvertrag zwischen Union und SPD vereinbart.[105] Die CDU sprach sich am 26. Februar 2018 für die Große Koalition aus.[106] Schließlich stimmte eine Zweidrittelmehrheit der SPD-Mitglieder, wie am 4. März 2018 bekanntgegeben, dem Koalitionsvertrag zu.[107] Am 14. März 2018 wurde Angela Merkel mit 364 Stimmen zur Bundeskanzlerin gewählt[108] und noch am selben Tag wurde das neue Kabinett vom Bundespräsidenten ernannt[109].

Stimmen laut, die Gesprächsbereitschaft über eine mögliche Große Koalition von der Parteiführung einfordern, 2017, abrufbar unter: http://www.handelsblatt.com/politik/deutschland/-jamaika-newsblog-steinmeier-redet-auch-mit-fraktionschefs-von-linkspartei-und-afd-/20615872.html (Stand: 18.06.2018).

105 S. *Caspari, Lisa,* Sondierungsgespräche, Union und SPD starten entscheidende Verhandlungen, 2018, abrufbar unter: https://www.zeit.de/politik/deutschland/2018-01/sondierungsgespraeche-spd-unionsparteien-spitzentreffen (Stand: 18.06.2018) und *Teevs, Christian,* SPD vor Mitgliedervotum, Super Posten. Und die Inhalte?, 2018, abrufbar unter: http://www.spiegel.de/politik/deutschland/spd-und-martin-schulz-super-posten-und-die-inhalte-a-1192235.html (Stand: 18.06.2018).

106 S. *CDU,* 30. Parteitag in Berlin 2018, 2018, abrufbar unter: https://www.cdu.de/artikel/30-parteitag-berlin-2018 (Stand: 18.06.2018).

107 S. *Scholz, Olaf/Klingbeil, Lars/Nahles, Andrea,* Mitgliedervotum, Wir haben gemeinsam entschieden!, 2018, abrufbar unter: https://www.spd.de/aktuelles/detail/news/mitgliedervotum-wir-haben-gemeinsam-entschieden/04/03/2018/ (Stand: 18.06.2018).

108 S. *Deutscher Bundestag,* Angela Merkel mit 364 Stimmen zur Bundeskanzlerin gewählt, 2018, abrufbar unter: https://www.bundestag.de/dokumente/textarchiv/2018/kw11-de-kanzlerwahl/546336 (Stand: 18.06.2018).

109 S. die Rede des aktuellen Bundespräsidenten *Steinmeier, Frank-Walter* „Bundespräsident Frank-Walter Steinmeier bei der Ernennung der Mitglieder des künftigen Bundeskabinetts am 14. März 2018 in Schloss Bellevue", 2018, abrufbar unter: https://www.bundesregierung.de/Content/DE/Bulletin/2018/03/28-1-bpr-ernennung.html (Stand: 18.06.2018).

cc) Rechtslage

Der Ansicht des Präsidenten zufolge, war sein Handeln ausdrücklich grundgesetzlich (!) bedingt gewesen.[110] Dies erscheint aber eine recht gewagte Behauptung. Viel wahrscheinlicher ist es, dass die Rechtslage jedenfalls damals sehr unklar und offen war. Tatsächlich konnte das Grundgesetz in beiden Richtungen interpretiert werden. Das Staatsoberhaupt soll intervenieren – oder eben nicht. Dass sowohl innerhalb als auch außerhalb der Landesgrenzen und insbesondere in der europäischen Nachbarschaft Unverständnis und Sorge groß wären, wenn es ausgerechnet im führenden und wirtschaftlich stärksten Land Europas eine schwere politische Krise gibt,[111] bedeutet nicht, dass es der Präsident ist, der handeln muss. Zum Beispiel im Vereinigten Königreich, einem der mächtigsten Länder der Welt seit Jahrhunderten, hat man schon seit längerem die Wahl getroffen, dass das Staatsoberhaupt nie selbstständig ein-

110 „Das gilt auch für Regierungsbildungen, die in ungewohnter Weise auf sich warten lassen. Ich versichere Ihnen: Der Staat handelt nach den Regeln, die unsere Verfassung für eine Situation wie diese ausdrücklich vorsieht, auch wenn solche Regeln in den letzten Jahrzehnten nie gebraucht wurden.", s. aktueller Bundespräsident *Steinmeier*, Weihnachtsansprache von Bundespräsident Frank-Walter Steinmeier am 25. Dezember 2017 in Schloss Bellevue, 2017, abrufbar unter: http://www.bundespraesident.de/SharedDocs/Reden/DE/Frank-Walter-Steinmeier/Reden/2017/12/171225-Weihnachtsansprache-2017.html (Stand: 18.06.2018); cf. auch „wie es meine in der Verfassung beschriebene Rolle vorsieht, haben [die Parteiführer und ich] intensive Gespräche geführt", s. aktueller Bundespräsident *Steinmeier*, Bundespräsident Frank-Walter Steinmeier im Gespräch mit Daniel Goffart, Robert Schneider und Jörg Harlan Rohleder vom Focus Magazin im Amtszimmer von Schloss Bellevue, 2018, abrufbar unter: http://www.bundespraesident.de/SharedDocs/Reden/DE/Frank-Walter-Steinmeier/Interviews/2018/180113-Interview-Focus.html (Stand: 18.06.2018).

111 S. aktueller Bundespräsident *Steinmeier*, Erklärung von Bundespräsident Steinmeier zur Regierungsbildung, 2017, abrufbar unter: http://www.bundespraesident.de/SharedDocs/Reden/DE/Frank-Walter-Steinmeier/Reden/2017/11/171120-Statement-Regierungsbildung.html (Stand: 18.06.2018).

zugreifen hat – obwohl es dazu theoretisch die Macht hätte[112]. Es hat etwa bezüglich der Regierungsbildung an sich mehr Macht als das deutsche Staatsoberhaupt, aber faktisch so gut wie keine wegen der insofern gültigen Praxis. Das britische Staatsoberhaupt entscheidet nämlich, wer den Auftrag zur Bildung einer neuen Regierung erhält (wogegen das deutsche lediglich ein einmaliges Vorschlagsrecht hat). Doch ist es schon entschiedene Sache, bevor um den Auftrag förmlich gebeten wird. Das Grundgesetz hat gegenüber der Weimarer Republik Neuwahlen erschwert; dies legt die Vermutung nahe, dass das Grundgesetz Parlamentsauflösungen so oft wie möglich vermeiden will.[113] In dem Sinne und angesichts des Artikels 54 GG (Wahl des Präsidenten durch die Bundesversammlung), der keine ausschließlich passive Rolle des Staatspräsidenten indiziert,[114] ist anzunehmen, dass er jedenfalls seine Meinung kundgeben darf. Er würde aber seine Kompetenzen überschreiten, falls er seine Meinung mit Zwang durchsetzen wollte. Zu beachten ist nämlich, dass auch die Parteien, ihr Statut sowie ihre Rolle im Grundgesetz ausdrücklich genannt werden (s. Artikel 21 GG). Der Bundespräsident Steinmeier hat zwar sehr klar seine Wünsche geäußert, aber gleichzeitig betont, dass es aber nicht seine Aufgabe sei, „Parteien zusammen zu zwingen".[115] „Der Bundespräsident [habe] die Aufgabe, auf die Verfassungslage hinzuweisen, und, falls nötig, auch Brücken

---

112 S. *British Monarchist Foundation*, Duties, Rights And Powers Of H.M. The Queen, o.A., abrufbar unter: https://bmsf.org.uk/about-the-monarchy/the-queen/duties-rights-and-powers-of-h-m-the-queen/ (Stand: 18.06.2018).

113 S. aktueller Bundespräsident *Steinmeier*, Bundespräsident Frank-Walter Steinmeier im Gespräch mit Daniel Goffart, Robert Schneider und Jörg Harlan Rohleder vom Focus Magazin im Amtszimmer von Schloss Bellevue, 2018, abrufbar unter: http://www.bundespraesident.de/SharedDocs/Reden/DE/Frank-Walter-Steinmeier/Interviews/2018/180113-Interview-Focus.html (Stand: 18.06.2018).

114 S. S. 9 f.

115 S. aktueller Bundespräsident *Steinmeier, Frank-Walter*, Bundespräsident Frank-Walter Steinmeier im Gespräch mit Daniel Goffart, Robert Schneider und Jörg Harlan Rohleder vom Focus Magazin im Amtszimmer von Schloss Bellevue, 2018, abrufbar unter: http://www.bundespraesident.de/SharedDocs/Reden/DE/Frank-Walter-Steinmeier/Interviews/2018/180113-Interview-Focus.html (Stand: 18.06.2018).

zu bauen. Ob sich jedoch die Partner auf dieser Brücke treffen wollen, ist nicht Sache des Bundespräsidenten, sondern der Parteien. Am Ende sollten wir nicht vergessen, dass keiner gezwungen werden kann – auch nicht vom Bundespräsidenten –, eine Minderheitsregierung zu führen."[116] Schließlich war als Auslegungshilfe sehr wichtig, wie Deutschland die plötzliche Einmischung des Präsidenten in der Regierungsbildung sehen würde. Harsche Kritik, dies sei nicht die Aufgabe des Präsidenten, hätte seine Stellung sensibel geschwächt. Eine (zur Regierungsbildung zusätzliche) Verfassungskrise hätte entstehen können, soweit der Präsident auf seine Einmischung bestanden hätte. Die Parteiführer sind aber mehr oder weniger einfach[117] auf die Gespräche des Präsidenten eingegangen. In der Presse und durch die geschäftsführende Kanzlerin wurde es weitgehend[118] neutral[119] bis hin zu positiv[120] aufgenommen. Die Gesprä-

---

116 S. ibid.

117 S. insbesondere den ersten Tweet vom unglücklichen SPD-Kanzlerkandidaten und damaligen SPD-Chef *Schulz, Martin* vier (!) Tage danach, 2017, abrufbar unter: https://twitter.com/MartinSchulz/status/934032907353645056 (Stand: 18.06.2018) „In einem dramatischen Appell hat der Bundespräsident die Parteien zu Gesprächen aufgerufen. Dem werden wir uns nicht verweigern. Sollten diese dazu führen, dass wir uns in welcher Form auch immer an einer Regierungsbildung beteiligen, werden die SPD-Mitglieder darüber abstimmen.".

118 S. aber schon zu Verwunderungen *Doering, Kai,* Welche Rolle Bundespräsident Steinmeier bei der Regierungsbildung spielt, 2017, abrufbar unter: https://www.vorwaerts.de/artikel/welche-rolle-bundespraesident-steinmei er-regierungsbildung-spielt (Stand: 18.06.2018).

119 S. *Die Bundeskanzlerin,* Wie geht es weiter mit der Regierungsbildung?, 2018, abrufbar unter: https://www.bundeskanzlerin.de/Content/DE/Artikel/2017/10/2017-10-24-faq-regierungsbildung.html?nn=614982#doc2273622body Text9 (Stand: 18.06.2018).

120 S. *dpa/fas,* Merkel lädt CDU-Parteispitze zur Krisensitzung, 2017, abrufbar unter: https://www.welt.de/politik/deutschland/article170773287/Merkel-laedt-CDU-Parteispitze-zur-Krisensitzung.html (Stand: 18.06.2018); *Gathmann, Florian/Medick, Veit,* Bundespräsident und die Regierungsbildung, Der Steinbeißer, 2017, abrufbar unter: http://www.spiegel.de/politik/deutschland/spd-und-frank-walter-steinmeier-der-bundespraesi dent-laesst-nicht-locker-a-1180130.html (Stand: 18.06.2018).

che fanden dann auch statt[121] mit schließlich – Monate und einem Mitgliedervotum später – einer vollwertigen Regierung, wie der Präsident es sich wünschte[122]. Somit handelte der Bundespräsident wohl verfassungsrechtgemäß. Zu begrüßen ist, dass er auch mit den Präsidenten des Bundestages, -rates und -verfassungsgerichts Gespräche halten würde[123].

dd) Folgen

Eine fundamentale Entscheidung wurde wohl in der Geschichte der Bundesrepublik insofern getroffen, als ein Präzedenzfall kreiert wurde. Auch mit mangelhafter demokratischer Legitimation wurde es für möglich erachtet, die Macht des Staatsoberhauptes bedeutend zu seinen Gunsten auszulegen. Die Reichweite von dem, was der Bundespräsident ohne verfassungsgerichtliche Kontrolle mit Billigung seiner Zeitgenossen, allen voran der (geschäftsführenden) Kanzlerin[124], gemacht hat, wird nur die Zeit mitteilen können – sie könnte aber enorm sein. Die getroffene Entscheidung, dem Präsidenten die Ausübung eines bestimmten Einflusses ohne ausdrückliche Ermächtigung des Grundgesetzes zu gestatten, kann zwar, wie im Prinzip alles, später rückgängig gemacht werden, aber die Hür-

---

121 S. S. 28.

122 S. *Die Bundesregierung*, Neue Regierung im Amt, Merkel erneut zur Kanzlerin gewählt, 2018, abrufbar unter: https://www.bundesregierung.de/Content/DE/Artikel/2018/03/2018-03-14-wahl-im-bundestag.html (Stand: 18.06.2018).

123 S. aktueller Bundespräsident *Steinmeier*, Erklärung von Bundespräsident Steinmeier zur Regierungsbildung, 2017, abrufbar unter: http://www.bundespraesident.de/SharedDocs/Reden/DE/Frank-Walter-Steinmeier/Reden/2017/11/171120-Statement-Regierungsbildung.html (Stand: 18.06.2018).

124 Bundeskanzlerin Merkel hat bekanntlich eine Vorliebe für sich zurückhaltende Bundespräsidenten, s. *Merkel, Angela*, Grußwort anlässlich des 75. Geburtstages von Bundespräsident a.D. Professor Dr. Roman Herzog, in: Herdegen, Matthias/Klein, Hans Hugo/Papier, Hans-Jürgen/Scholz, Rupert (Hrsg.), Staatsrecht und Politik, Festschrift für Roman Herzog zum 75. Geburtstag, 2009, S. XV, XV („Mit seinem juristischen und politischen Fingerspitzengefühl war *Roman Herzog* für das Amt des Bundespräsidenten geradezu prädestiniert.“).

den (außerhalb selbstverständlich einer klarstellenden Verfassungsänderung) sind definitiv gestiegen.[125] Nur soweit insbesondere ein neuer Kanzler eine restriktive Vision der Befugnisse des Präsidenten zu verteidigen wüsste und darauffolgend die öffentliche Meinung und die Zeit ihm Recht gäben, würde diese neue Sicht zur Norm werden.[126] Bundespräsident Steinmeier hat aber aktuell die Grenzen des präsidentiell rechtmäßigen Handelns signifikant verschoben – auf nunmehr unklare Ziele. Er und seine Nachfolger (und im geringeren Maße nachfolgende Bundespräsidentschaftskandidaten)[127] werden diese Grenzen mittels ihres Handelns genauer definieren. Konfrontationen insbesondere mit dem Kanzler sind wahrscheinlich, sofern sie das durch die Zeitgenossen gebilligte Handeln des Bundespräsidenten nicht als absolute historische und eng auszulegende Ausnahme betrachten werden, sondern als Wende in der verfassungsrechtlichen Geschichte der Bundesrepublik und Anfang einer für gewünscht oder gar notwendig geachteten weitreichendeeren Rolle des Präsidenten in der Leitung des Landes.

---

125 Cf. *Ipsen, Jörn,* Staatsrecht I, Staatsorganisationsrecht, 29. Aufl., 2017, Rn. 500.

126 Das britische Staatsoberhaupt dürfte sich etwa weigern, ein Gesetz sein (*per se* notwendiges) Einverständnis zu geben – s. *UK Parliament,* Royal Assent, o.A., abrufbar unter: https://www.parliament.uk/site-information/glossary/royal-assent/ (Stand: 18.06.2018) – und hat dies auch schon gemacht – das letzte Mal war aber 1708, s. *id.,* Living Heritage, The Glorious Revolution, o.A., abrufbar unter: https://www.parliament.uk/about/living-heritage/evolutionofparliament/parliamentaryauthority/revolution/keydates/keydates1689-1714/ (Stand: 18.06.2018), und sicherlich auch deshalb gilt dieses Weigerungsrecht heute als faktisch verloren.

127 Indem sie mittels Teilnahme an der öffentlichen Debatte bezüglich der vorgestellten Aufgaben und Befugnisse eines Bundespräsidenten an der Schaffung oder eben an der Verhinderung der Schaffung von verfassungsrechtliches Gewohnheitsrecht beitragen.

2) In Frankreich

a) Im Falle einer traditionellen Situation

Der Präsident ernennt gemäß Artikel 8 Absatz 1 Satz 1 frz. Verfassung den Premierminister. Bei der traditionellen Wahl des Regierungschefs verhält sich die Mehrheit der Abgeordneten in der Nationalversammlung dem Präsidenten gegenüber in konstruktiver Weise. Somit kann der Präsident praktisch die Person seiner Wahl bestimmen, denn die dazu gemäß Artikel 50 frz. Verfassung befugte Nationalversammlung wird ihn mit seiner Regierung aller Wahrscheinlichkeit nach nicht stürzen. Der Präsident wird trotzdem darauf achten müssen, dass der vorgesehene Chef der parlamentarischen Mehrheit (jedenfalls *de jure*) für die eigene Partei oder in Fällen von Koalitionen für die Koalitionspartei(en) tragbar ist. Einschränkungen kann es zudem insbesondere wegen politischer – rechtlich nicht bindender – Versprechen geben, die etwa gemacht wurden, um sich die Unterstützung eines sonst vielleicht sogar selbstständigen Präsidentschaftskandidaten zu sichern. Der bis zur Nominierung des Neuen noch (geschäftsführende)[128] Premier hat jedenfalls aufgrund seines Amtes keinen Einfluss auf den Präsidenten. Auf Vorschlag des Premierministers ernennt und entlässt der Staatspräsident gemäß Artikel 8 Absatz 2 frz. Verfassung die übrigen Mitglieder der Regierung. Trotz des Wortlautes dieser verfassungsrechtlichen Vorschrift ist es bei der traditionellen Wahl des Regierungschefs aber schon eine entschiedene Sache, wer den Premier dem Präsidenten vorzuschlagen haben wird.

b) Im Falle des Auftretens einer Kohabitation

Der Präsident darf verfassungsrechtlich die Person seiner Wahl zum Premierminister ernennen. Sie beiden können sich die Personen ihrer Wahl zu Regierungsmitglieder aussuchen – im Gegensatz zu

---

128 S. S. 117.

den Vereinigten Staaten von Amerika, wo der Senat die vorgeschlagenen Personen zuerst noch bestätigen muss gemäß Artikel 2 Abschnitt 2 Absatz 2 Satz 2 Halbsatz 1 der Verfassung der Vereinigten Staaten. Aber eine Regierung kann jederzeit durch die Nationalversammlung gestürzt werden. Falls der Präsident somit ohne Rücksicht auf für ihn ungünstige Mehrheitsverhältnisse in der Nationalversammlung seine Regierung bilden würde, würde sie aller Wahrscheinlichkeit nach rasch gestürzt werden. Dies würde sowohl einen desaströsen Imageverlust für den Präsidenten bedeuten als auch sein politisches Kapital deutlich verringern. Würde der Präsident darauf erneut keine Rücksicht auf die Nationalversammlung nehmen, so könnte sich schon die Frage seiner Amtsenthebung stellen. Deswegen hat kein Präsident es *bis dato* gewagt, die Zusammensetzung der Nationalversammlung zu negieren. Gerade das schafft die Kohabitation. Eine Kohabitation liegt nämlich vor, wenn die parlamentarische und präsidiale Mehrheit nicht übereinstimmen.[129] Eine andere Möglichkeit wäre, dass der Präsident zurücktritt. Wegen der Stringenz der französischen Wähler[130] ist es fast sicher, dass der dann gewählte Präsident der Mehrheit in der Nationalversammlung gehören würde. Aber seit einem vergleichbaren Rücktritt De Gaulles 1969 haben die betroffenen Präsidenten die Kohabitationssituation bevorzugt.[131] Somit soll und wurde auch der Gewinner der parlamentarischen Wahl zum Premier ernannt werden. Der bis zur Nominierung des Neuen noch (geschäftsführende) Premier hat, insofern vergleichbar mit der traditionellen Situation, keinerlei Einfluss. Die sonstige Regierungsbesetzung ist das Resultat eines Kompromisses, denn weder der Präsident noch der Premier können bestimmte ausgesuchte Personen ohne die Mitarbeit des Anderen durchsetzen. Dieser Kompromiss wird im Lichte der Verfassung

---

129 S. *Blachèr, Philippe,* Travaux dirigés de droit constitutionnel [Geführte Arbeiten im Verfassungsrecht], 2016, S. 139.

130 S. S. 39 f.

131 Cf. *Mouzet, Pierre,* Le président de la République, Le pouvoir présidentiel. [Der Präsident der Republik, Die präsidiale Macht.], in: Verpeaux (Hrsg.), Les annales du droit 2017, Droit constitutionnel [Die Annalen des Rechts 2017, Verfassungsrecht], 2016, S. 141, 142.

geschlossen; Regierungsmitglieder mit einem Ressort, das dem Präsidenten zuzuordnenden „reservierten Fachgebiet"[132] gehört, werden von dem Élysée-Palast (Amtssitz des frz. Staatspräsidenten) ausgesucht und alle sonstige von dem Hôtel Matignon (Amtssitz des frz. Regierungschefs). In dem Sinne hat 1986 Präsident Mitterrand sein Veto zur Ernennung eines Außenministers (Jean Lecanuet) und eines Verteidigungsministers (François Léotard) eingelegt, die ihm nicht genehm waren.[133] Das Gleiche gilt entsprechend für Entlassungen. Von 1958 bis 2002 dauerte die Amtszeit des Staatspräsidenten sieben Jahre. Die Dauer einer Legislatur ist jedoch fünf Jahre gemäß Artikel LO[Loi Organique: Organgesetz]121 Wahlrechtsgesetzbuch. Um eine Kohabitation zu verhindern, war somit der Präsident stets darauf angewiesen, alle Parlamentswahlen zu gewinnen. Dies ist in einem demokratischen Staat auf Dauer in aller Regel nicht machbar.[134] 1986 gelang es zum ersten Mal nicht. Schließlich misslang es bis 2002 dreimal und so wurde Frankreich zwischen 1986 und 2002 neun Jahre lang per Kohabitation regiert. Obwohl populär in der Bevölkerung[135], bevorzugten insbesondere die Akademiker und die Regierenden die traditionelle Situation. Die Kohabitation wurde als zu lösendes Problem betrachtet.[136] Diese Situation, die in kurzen Abständen immer wieder neu eintrat, wurde näm-

---

132 S. S. 75 ff.

133 S. *Rouvillois, Frédéric*, Droit constitutionnel 2, La Ve République [Verfassungsrecht 2, Die Fünfte Republik], 5. Aufl., 2016, S. 207.

134 Mit der bemerkenswerten Ausnahme des Bundesstaates Bayern, wo fast immer nur die CSU regiert und alle anderen Parteien zusammen sich stets eine Minderheit von Sitzen im Landtag teilen müssen, s. *Bayerischer Landtag*, Fraktionsstärken nach den Landtagswahlen von 1946 bis 2013, o.A., abrufbar unter: https://www.bayern.landtag.de/fileadmin/Internet_Dokumente/Fraktionsstaerken.pdf (Stand: 18.06.2018).

135 S. *Les Echos*, Les Français sont de plus en plus attachés à la cohabitation, selon Sofres [Laut dem demoskopischen Institut Sofres wird die Kohabitation immer beliebter unter den Franzosen], 1999, abrufbar unter: https://www.lesechos.fr/23/02/1999/LesEchos/17843-011-ECH_les-francais-sont-de-plus-en-plus-attaches-a-la-cohabitation--selon-la-sofres.htm (Stand: 18.06.2018).

136 S. *Vedel, Georges*, Variations et cohabitations [Variationen und Kohabitationen], Pouvoirs 1997, Nr. 83, S. 101, 129.

lich als schädlich betrachtet, weil sie Schwierigkeiten für das Regieren Frankreichs mit sich bringt.[137] Das Prinzip einer Kohabitation kann unter Berücksichtigung der möglichen Unstimmigkeiten an höchster Stelle des Staates auch international als negativ beurteilt werden.[138] Es ist in diesem Sinne schon vorgekommen, dass Frankreich bei Gipfeltreffen von Staats- und Regierungschefs von seinem Präsidenten und Premierminister gleichzeitig vertreten wurde.[139] Somit wurde im Anschluss an eine von beiden Spitzen der Exekutive – trotz Kohabitation –[140] gewollte[141] Volksabstimmung die Dauer der Amtszeit des Staatspräsidenten im Jahre 2000 auf 5 Jahre mit Wirkung ab der Präsidentschaftswahl 2002 herabgesetzt.[142] Gleichzeitig wird die Dauer des Mandates mehr in Einklang gebracht mit der Machtfülle des Präsidenten – was wiederum unterstreicht, dass der Präsident nicht nur präsidieren, sondern auch wirklich agieren soll; insofern liefert die Mandatsverkürzung ein zusätzliches Argument für einen Präsidenten in der traditionellen Situation gegenüber „seinem" Premierminister. 2001, um der „Logik der Institutionen" willen,[143] also um Kohabitationen so viel wie möglich zu vermeiden,

---

137 S. *Geslot, Christophe,* L'équilibre des pouvoirs, L'équilibre des pouvoirs sous la Ve République. [Das Gleichgewicht der Mächte, Das Gleichgewicht der Mächte unter der Fünften Republik.], in: Verpeaux (Hrsg.), Les annales du droit 2017, Droit constitutionnel [Die Annalen des Rechts 2017, Verfassungsrecht], 2016, S. 190, 195 f.

138 Cf. *Esplugas-Labatut, Pierre,* in: Caporal-Gréco, Stéphane/Esplugas-Labatut, Pierre/Ségur, Philippe/Torcol, Sylvie, Droit constitutionnel [Verfassungsrecht], 2017, S. 227.

139 S. S. 95 f.

140 S. dazu S. 80 ff.

141 S. *INA [Institut National de l'Audiovisuel; Nationales Rundfunk- und Fernseharchiv],* Lionel Jospin sur le quinquennat [Präsidentschaftskandidat Lionel Jospin bezüglich der fünfjährigen Amtszeit des Staatspräsidenten], 1995, abrufbar unter: https://www.ina.fr/video/I05081227 (Stand: 18.06.2018).

142 S. Loi constitutionnelle n° 2000-964 du 2 octobre 2000 relative à la durée du mandat du Président de la République [Verfassungsgesetz Nr. 2000-964 vom 2. Oktober 2000 bezüglich der Amtsdauer des Staatspräsidenten].

143 S. *Les Echos,* Inversion du calendrier électoral : Lionel Jospin pressé d'aboutir [Premier Lionel Jospin drängt um die Umdrehung des Wahlkalenders], 2000, abrufbar unter: https://www.lesechos.fr/29/11/2000/Les

wurde für Wahlen ab 2002 der Wahlkalender umgedreht[144]; fortan wählt das Volk zuerst den Präsidenten und einen Monat danach seine Abgeordneten. *Bis dato* hat die Vermutung zugetroffen, dass das Volk seine Meinung in einem Monat nicht ändert und konsequent dem Präsidenten eine Mehrheit in der Nationalversammlung gibt. Die Vermutung hat 2017 sich selbst sogar noch übertroffen. Die Partei des Gewinners der Wahl zum Staatspräsidenten existierte nämlich dreizehn Monate vor der Wahl noch nicht, und hatte bis dahin als einziges Ziel, diese Wahl für seinen Gründer zu gewinnen.[145] Somit wurde von vielen nicht erwartet, dass es der Partei gelingen würde, vor Ort in den Wahlkreisen genug Mandate zu gewinnen, um dem neugewählten Präsidenten eine Mehrheit in der Nationalversammlung zu verschaffen.[146] Es ist ihr sogar klar gelungen; die Partei „Die Republik in Bewegung" (LaREM) erhielt 308 von 577 Sitzen und ihre Verbündete von der Partei „Demokratische

---

Echos/18289-003-ECH_inversion-du-calendrier-electoral---lionel-jospin-presse-d-aboutir.htm (Stand: 18.06.2018).

144 S. Loi organique n° 2001-419 du 15 mai 2001 modifiant la date d'expiration des pouvoirs de l'Assemblée nationale [Organgesetz Nr. 2001-419 vom 15. Mai 2001 zur Veränderung des Ablaufzeitpunktes der Befugnisse der Nationalversammlung], i.d.g.F., Art. 1.

145 Die Partei wurde am 6. April 2016 gegründet und am 7. Mai 2017 fand der erste Wahlgang zur Präsidentenwahl statt, s. *Elysée*, Emmanuel Macron - Biographie, o.A., abrufbar unter: http://www.elysee.fr/la-presidence/emmanuel-macron-biographie/ (Stand: 18.06.2018).

146 S. statt aller bezüglich der konservativen Partei LR [Les Républicains; Die Republikaner] die schließlich zweitstärkste Kraft in der Nationalversammlung wurde *France Info*, Législatives: François Baroin conduira la campagne de la droite [Wahlen zur Nationalversammlung: François Baroin wird die Kampagne der Rechten führen], 2017, abrufbar unter: https://www.francetvinfo.fr/elections/legislatives/legislatives-francois-baroin-conduira-la-campagne-de-la-droite_2172334.html (Stand: 18.06.2018) und *Goar, Matthieu*, Législatives: la droite lance la bataille de la cohabitation [Wahlen zur Nationalversammlung: Die Rechte beginnt die Schlacht der Kohabitation], 2017, abrufbar unter: http://www.lemonde.fr/elections-legislatives-2017/article/2017/05/20/legislatives-la-droite-lance-la-bataille-de-la-cohabitation_5131150_5076653.html (Stand: 18.06.2018), „Je vous demande d'accueillir le futur premier ministre de la France… François Baroin" [Ich bitte Sie den zukünftigen französischen Premier zu begrüßen… François Baroin].

Bewegung" (MoDem) weitere 42 Sitze.[147] Somit wird es wohl auf absehbare Zeit außer in exzeptionellen Fällen – insbesondere Auflösung der Nationalversammlung oder vorzeitige definitive Beendigung des Amtes des Präsidenten – keine Kohabitation in Frankreich mehr geben.

3) Gemeinsamkeiten und Differenzen

Es besteht der grundsätzliche Unterschied, dass der Regierungschef vor seiner präsidialen Ernennung in Deutschland durch das Parlament gewählt wird. Aber auch in Frankreich ist die Wahl des Regierungschefs trotzdem direkt mit dem Ergebnis der legislativen Wahl verbunden. Sowohl in Deutschland als auch in Frankreich können nämlich die Regierungen durch die unmittelbar vom Volk gewählten Parlamentarier jederzeit gestürzt werden. Somit würde ein französischer ohne Rücksicht auf ungünstige Mehrheitsverhältnisse in der Nationalversammlung ernannter Regierungschef rasch den Rücktritt der Regierung beim Präsidenten einreichen müssen. Im Gegensatz zu Deutschland ist die Wahl des Regierungschefs in Frankreich entscheidend für die eigenen Machtbefugnisse des Präsidenten. Sind die Mehrheitsverhältnisse in der Nationalversammlung für den Präsidenten günstig, so tritt eine traditionelle Situation ein. Andernfalls kommt es zur Kohabitation. Liegt eine traditionelle Situation vor, entscheidet der französische Präsident so gut wie völlig frei über die weitere Regierungsbildung (beziehungsweise darüber, welche Personen ihm der Regierungschef vorschlagen soll). Im Falle einer Kohabitation ist es weitgehend wie in Deutschland und der Präsident hat keinen Einfluss[148]. Der Bundespräsident kann nur vor der Ernennung der Bundesminister ein Prüfungsrecht analog zu dem vor der Verkündung von Gesetzen ausüben. Der französische Präsident kann bei manchen Posten über deren Besetzung

---

147 S. *Ministère de l'Intérieur,* Résultats des élections législatives 2017 [Ergebnisse der legislativen Wahlen 2017], 2017, abrufbar unter: https://www.interieur.gouv.fr/Elections/Les-resultats/Legislatives/elecresult__legislatives-2017/(path)/legislatives-2017/FE.html (Stand: 18.06.2018).

148 S. aber für absolute Ausnahmefälle S. 24 ff.

mitentscheiden.[149] Soweit es während der Legislaturperiode zu einem Personalwechsel an der Spitze der Regierung kommt, hat das Volk weder in Frankreich noch in Deutschland irgendeinen Einfluss. Stürze der Regierungen sind schließlich in beiden Ländern sehr selten (Sturz 1962 in Frankreich der ersten Regierung Pompidou und 1982 in Deutschland der letzten Regierung Schmidt). Dies ist zu begrüßen, denn einerseits ist damit klar, dass die Parlamentarier beider Länder gemäß dem parlamentarischen System stets ein Damokles-Schwert gegenüber der Regierung besitzen, andererseits wird aber durch die interne verfassungsrechtliche Ordnung Stabilität garantiert.

III) Gleichzeitig stattfindende Wahl

Weder in Deutschland noch in Frankreich hat sich diese Situation ergeben. Es wurde auch stets versucht, dies zu vermeiden. In Deutschland ist der amtierende Bundespräsident (Lübke, 1969) jedenfalls offiziell aus dem Grunde vorzeitig zurückgetreten, um eine angemessene Frist zwischen Bundestags- und Bundespräsidentenwahl zu ermöglichen.[150] In Frankreich haben die Regierungschefs im Falle des vorzeitigen Endes der Amtszeit des Präsidenten den Rücktritt ihrer Regierungen erst gegenüber dem neugewählten Präsidenten bei seinem Amtsantritt eingereicht (Maurice Couve de Murville 1969[151] und Pierre Messmer 1974[152]). Die jeweiligen ge-

---

149 S. S. 36 f.

150 S. *Kellerhoff, Sven Felix*, Als Lübke den Köhler machte, 2010, abrufbar unter: https://www.welt.de/politik/deutschland/article7862004/Als-Luebke-den-Koehler-machte.html (Stand: 18.06.2018).

151 S. *Assemblée Nationale*, Tous les gouvernements depuis 1958 [Alle Regierungen seit 1958], o.A., abrufbar unter: http://www2.assemblee-nationale.fr/decouvrir-l-assemblee/histoire/la-ve-republique/tous-les-gouvernements-depuis-1958 (Stand: 18.06.2018) i.V.m. *Elysée*, L'investiture de Georges Pompidou [Die Amtseinführung von Georges Pompidou], o.A., abrufbar unter: http://www.elysee.fr/la-presidence/l-investiture-de-georges-pompidou/ (Stand: 18.06.2018).

schäftsführenden Amtsinhaber sollten aber in einem solchen Fall besonders große Zurückhaltung ausüben.

152 S. *INA [Institut National de l'Audiovisuel; Nationales Rundfunk- und Fernseharchiv]*, Pierre Messmer présente la démission du gouvernement / Sortie de l'Elysée [Pierre Messmer stellt den Rücktritt der Regierung vor / Ausgang aus dem Élysée-Palast], 1974, abrufbar unter: http://www.ina.fr/video/I00007081 (Stand: 18.06.2018).

B) Gegenseitiges Verhältnis während ihrer Mandate

I) In Deutschland

1) Im Falle eines traditionell gewählten Bundespräsidenten

a) Von der Verfassung eingeräumter Spielraum für den Präsidenten

Im Falle eines traditionell gewählten Präsidenten hat der Amtsinhaber trotz gegenteiliger grundgesetzlicher Bestimmungen *de facto* eine suboptimale demokratische Legitimität insbesondere gegenüber der des Kanzlers.[153] Dies muss angesichts des Artikels 20 Absatz 1 i.V.m. Artikel 79 Absatz 3 GG streng bei der Auslegung seines Amtes berücksichtigt werden. Gemäß einer historischen Auslegung sind ohnehin die Befugnisse des Staatschefs restriktiv zu verstehen, denn die grundgesetzliche Position des Bundespräsidenten wurde vom parlamentarischen Rat gegenüber einer gegenteiligen Konstruktion in der Weimarer Reichsverfassung bewusst abgeschwächt.[154] Aber die Befugnisse des Bundespräsidenten sind aus dem Grundgesetz zu bestimmen, eben nicht aus der Rückwendung auf die Weimarer Reichsverfassung.[155] Zeigen Umfragen, dass die Bevölkerung mit dem Präsidenten oder seine Arbeit zufrieden ist, erst recht, wenn

---

[153] S. S. 7 ff. i.V.m. S. 18 u. 21.

[154] Cf. S. 2 u. *Heinze, Arne-Patrick*, Systematisches Fallrepetitorium Verfassungsrecht, Staatsorganisationsrecht, Grundrechte, Europarecht, 2014, S. 30.

[155] S. *Degenhart, Christoph*, Staatsrecht I, Staatsorganisationsrecht, Mit Bezügen zum Europarecht, 33. Aufl., 2017, Rn. 786, dem beispielsweise die Argumentation gegen ein materielles Prüfungsrecht des Bundespräsidenten im Rahmen des Art. 82 Abs. 1 Satz 1 GG wegen seiner im Vergleich zur WRV schwach ausgeprägten Stellung als „wenig sinnvoll" erscheint.

zugleich der Gegenteil der Fall ist bezüglich der Arbeit des Kanzlers (gegebenenfalls sogar Massenproteste gegen die Regierungspolitik), kann dies nur in vorsichtigem Maße die Position des Präsidenten gegenüber der des Regierungschefs stärken (vor allem faktisch) – im Grundsatz gelten aber auch in solchen Fällen die erfolgten Wahlen, die ihre jeweilige aktuelle Position begründen, weiter (Idee der demokratischen Mandate). In diesem Sinne darf der Bundespräsident sich in Ermangelung der notwendigen demokratischen Legitimität nie als Gegenregierung begreifen oder eine Oppositionsrolle einnehmen.[156] Es entspricht sogar den verfassungsrechtlichen Erwartungen und der gefestigten Verfassungstradition seit Bestehen der Bundesrepublik, dass er überhaupt eine gewisse Distanz zu Zielen und Aktivitäten von politischen Parteien und gesellschaftlichen Gruppen zu wahren hat.[157] Gemäß Artikel 61 Absatz 2 Satz 1 GG kann der Bundespräsident durch das Bundesverfassungsgericht des Amtes für verlustig erklärt werden, also abgesetzt werden, im Falle einer vorsätzlichen Verletzung des Grundgesetzes oder eines anderen Bundesgesetzes. Vorab ist insbesondere ein durch Zweidrittelmehrheit der Mitglieder des Bundestages oder Bundesrates gefasster Beschluss zur Erhebung der Klage notwendig (s. Artikel 61 Absatz 1 Satz 3 GG).

b) Rechte und Pflichten des Präsidenten gegenüber dem Regierungschef

Das Betätigungsfeld des Präsidenten lässt sich mit dem Schlagwort der „Staatspflege" umreißen.[158] Der Bundespräsident vertritt gemäß Artikel 59 Absatz 1 Satz 1 GG den Bund völkerrechtlich. Gemäß Artikel 59 Absatz 1 Satz 2 GG schließt er im Namen des Bundes die

---

156 Cf. *Nettesheim*, in: Isensee/Kirchhof (Hrsg.), Handbuch des Staatsrechts, Band III, 3. Aufl., 2005, § 61 Rn. 2.

157 S. st. Rspr. des BVerfG, s. BVerfGE 89, 359 (362 f.); 114, 121 (159); 136, 277 (311).

158 S. *Gröpl, Christoph,* Staatsrecht I, Staatsgrundlagen, Staatsorganisation, Verfassungsprozess, mit Einführung in das juristische Lernen, 9. Aufl., 2017, Rn. 1311.

Verträge mit auswärtigen Staaten. Verträge, welche die politischen Beziehungen des Bundes regeln oder sich auf Gegenstände der Bundesgesetzgebung beziehen, bedürfen der Zustimmung oder der Mitwirkung der jeweils für die Bundesgesetzgebung zuständigen Körperschaften in der Form eines Bundesgesetzes (s. Artikel 59 Absatz 2 Satz 1 GG). Den Inhalt der Verträge bestimmt die Regierung; das Vertretungsrecht des Bundespräsidenten gewährt ihm diesbezüglich keinen Einfluss, sondern ist rein formeller Natur.[159] Damit fallen das rechtliche Können im Außenverhältnis und das rechtliche Dürfen im Innenverhältnis auseinander.[160] Innerstaatlich werden die nach den Vorschriften dieses Grundgesetzes zustande gekommenen Gesetze gemäß Artikel 82 Absatz 1 Satz 1 GG vom Bundespräsidenten nach Gegenzeichnung ausgefertigt und im Bundesgesetzblatte verkündet. Die Ausfertigung ist Voraussetzung für das Inkrafttreten eines Gesetzes.[161] Er hat nicht die Möglichkeit – im Gegensatz zu seinen französischen Amtskollegen – das verfassungsgerichtliche Organ zum Zwecke einer rechtlichen Überprüfung anzurufen. Es stellt sich demnach die Frage, ob der Bundespräsident eine Kompetenz zur Prüfung eines Bundesgesetzes auf seine Verfassungsmäßigkeit hat, beziehungsweise ob er die Ausfertigung in gegebenen Fällen verweigern kann. Der Grundsatz der Gewaltenteilung (Artikel 20 Absatz 2 Halbsatz 2 GG) spricht zwar gegen materielle Eingriffe des Bundespräsidenten in die Gesetzgebung: Er gehört als Verfassungsorgan nicht zur Legislative.[162] Aber es besteht einerseits keine durchgehende strikte Trennung der Gewalten, andererseits sind alle Verfassungsorgane verpflichtet, die verfas-

---

159 S. *Model, Otto/Müller, Klaus,* Grundgesetz für die Bundesrepublik Deutschland, Taschenkommentar für Studium und Praxis, 11. Aufl., 1996, Artikel 59 Rn. 1.

160 S. *Gröpl, Christoph,* Staatsrecht I, Staatsgrundlagen, Staatsorganisation, Verfassungsprozess, mit Einführung in das juristische Lernen, 9. Aufl., 2017, Rn. 1314.

161 S. *Fangmann, Helmut,* in: Blank/Fangmann/Hammer, Grundgesetz, 2. Aufl., 1996, Artikel 82 Rn. 2.

162 S. *Degenhart, Christoph,* Staatsrecht I, Staatsorganisationsrecht, Mit Bezügen zum Europarecht, 33. Aufl., 2017, Rn. 787.

sungsmäßige Ordnung zu wahren (s. Artikel 20 Absatz 3 GG).[163] Das Staatsoberhaupt soll somit nicht an legislativen „Fetzen Papier"[164] mitwirken. Schließlich bietet der Wortlaut des Artikels 82 Absatz 1 Satz 1 GG einen gewissen Spielraum; mit den Vorschriften des Grundgesetzes, nachdem das Gesetz zustande gekommen sein muss, könnten sowohl die Vorschriften über das Zustandekommen von Gesetzen gemeint sein (also über das Gesetzgebungsverfahren), als auch materielle Vorschriften wie vor allem die Grundrechte.[165] Eine vollumfängliche materielle präsidiale Überprüfung von Gesetzen anzunehmen, ginge aber zu weit, denn es ist schließlich die Aufgabe des Bundesverfassungsgerichts, die Verfassungsmäßigkeit der Gesetze zu kontrollieren.[166] Insofern erschiene es sogar vorzugswürdig, nur für offensichtliche formelle Fehler ein präsidiales Prüfungsrecht anzunehmen. Jedoch darf der Bundespräsident nach herrschender Meinung die formelle Verfassungsmäßigkeit von Gesetzen in vollem Umfang prüfen.[167] Weil am Zustandekommen der Bundesgesetze verschiedene Organe mitwirken, sei das Staatsoberhaupt besonders geeignet, die formelle Ordnungsmäßigkeit der Gesetze zu beurkunden, denn die anderen Organe können jeweils nur die Korrektheit ihres Verfahrensanteils überprüfen und nicht

---

163 S. ehemaliger NRW Ministerpräsident, SPD-Kanzlerkandidat und Bundespräsident *Rau, Johannes,* Vom Gesetzesprüfungsrecht des Bundespräsidenten, DVBl 2004, 1, 2.

164 So Reichskanzler Bethmann-Hollweg 1914 bezüglich des Vertrages über die belgische Neutralität, s. *De Ridder, Alfred,* La Belgique et la Guerre [Belgien und der Krieg], Band IV, Histoire diplomatique 1914-1918 [Diplomatische Geschichte 1914-1918], 3. Aufl., 1928, S. 146.

165 S. *Degenhart, Christoph,* Klausurenkurs im Staatsrecht I, Staatsorganisationsrecht, Grundrechte, Verfassungsprozessrecht, Ein Fall- und Repetitionsbuch für Anfänger, 4. Aufl., 2016, Rn. 406.

166 Cf. *Zippelius, Reinhold/Würtemberger, Thomas,* Deutsches Staatsrecht, 32. Aufl., 2008, S. 520; *Leibholz, Gerhard Rinck, Hans-Justus,* Grundgesetz für die Bundesrepublik Deutschland, Kommentar an Hand der Rechtsprechung des Bundesverfassungsgerichts, 4. Aufl., 1971, Artikel 82 (S. 648).

167 S. statt aller *Hong, Mathias/Schiff, Alexander,* Übungsklausur Staatsorganisationsrecht: Präsidiale Privatisierungsprüfung, ZJS 2013, 475, 476 u. *Winkler, Daniela,* Staatsrecht I, Staatsorganisationsrecht, Mit vielen Aufbauschemata, 3. Aufl., 2016, S. 118.

die des Gesamtprozesses.[168] Der Bundespräsident könne hiernach also die Beschlussfassung durch den Bundestag und die Wahrung der Rechte des Bundesrats, aber auch die Gesetzgebungskompetenz des Bundes prüfen.[169] Schließlich lässt sich gar nicht hinreichend abgrenzen, ob ein Verfassungsverstoß offensichtlich ist oder nicht.[170] Man wird dem Bundespräsidenten sonach einen Einschätzungsspielraum in der Frage zubilligen müssen, wann für ihn die Verfassungswidrigkeit eines Gesetzes deutlich zutage tritt.[171] Selbst wenn Grundgesetzänderungen laufen sollten, ist grundsätzlich auf die geltende staatsrechtliche Rechtslage abzustimmen.[172] Ein politisches Prüfungsrecht hat der Präsident aber nie.[173] Höchstens könnte der Staatschef politisch entscheiden, welche Gesetzesvorlagen er genauer überprüft als andere.[174] Je mehr es Anhaltspunkte bezüglich eines Verfassungsverstoßes gibt, desto mehr wird das präsidiale Prüfungsrecht zu einer Prüfungspflicht.[175] In der bisherigen Geschichte der Bundesrepublik hat es acht Fälle gegeben, in denen ein Bundespräsident es abgelehnt hat, ein Gesetz auszufertigen; die letzten beiden Fälle datieren aus dem Jahre 2006.[176] Das Letztentschei-

---

168 S. *Bryde, Brun-Otto,* in: von Münch/Kunig (Hrsg.), Grundgesetz Kommentar, Band 2, Artikel 70–146, 6. Aufl., 2012, Artikel 82 Rn. 3.

169 S. ibid.

170 S. *Lutze, Christian,* Ein präsidiales Missverständnis über die formelle Prüfungskompetenz, NVwZ 2003, S. 323, 324.

171 S. *Degenhart, Christoph,* Staatsrecht I, Staatsorganisationsrecht, Mit Bezügen zum Europarecht, 33. Aufl., 2017, Rn. 789.

172 S. *Reich, Andreas,* Magdeburger Kommentar zum Grundgesetz, für die Bundesrepublik Deutschland, 1998, Artikel 82 Rn. 1.

173 S. *Gramm, Christof/Pieper, Stefan Ulrich,* Grundgesetz, Bürgerkommentar, 3. Aufl., Bonn, 2015, S. 303; *Peucker, Martina,* Staatsorganisationsrecht, 3. Aufl., 2013, Rn. 185.

174 S. dazu S. 60 f.

175 S. *Guckelberger, Annette,* in: Friauf, Karl Heinrich/Höfling, Wolfram (Hrsg.), Berliner Kommentar zum Grundgesetz, Stand: 20. Ergänzungslieferung IV/07, Artikel 82 Rn. 46.

176 S. *Der Bundespräsident,* Amtliche Funktionen, o.A., abrufbar unter: http://www.bundespraesident.de/DE/Amt-und-Aufgaben/Wirken-im-Inland/Amtliche-Funktionen/amtliche-funktionen.html (Stand: 18.06.2018).

dungsrecht verbleibt in jedem Fall beim Bundesverfassungsgericht, denn die Weigerung des Bundespräsidenten, ein Gesetz auszufertigen, kann im Wege des Organstreits gemäß Artikel 93 Absatz 1 Nummer 1 GG i.V.m. § 13 Nummer 5, §§ 63 ff. BVerfGG angegriffen und überprüft werden.[177] Gemäß Artikel 68 Absatz 1 Satz 1 GG kann der Bundeskanzler dem Bundestag die Vertrauensfrage stellen. Im Falle einer Niederlage, kann der Bundeskanzler dem Bundespräsidenten binnen einundzwanzig Tagen vorschlagen, den Bundestag aufzulösen (s. Artikel 68 Absatz 1 Satz 1 GG am Ende)[178]. Der Zweck des Artikels 68 GG, insbesondere im Falle einer auf Auflösung gerichteten Vertrauensfrage, ist zu berücksichtigen.[179] Die herrschende Meinung fordert somit im Hinblick auf ein Einverständnis des Bundespräsidenten, dass neben dem Scheitern der Vertrauensfrage (sogenannte formelle Auflösungslage) auch eine tatsächliche Unsicherheit des Kanzlers bestand (sogenannte materielle Auflösungslage).[180] Für das Bundesverfassungsgericht genügt die berechtigte Einschätzung des Bundeskanzlers, die Handlungsfähigkeit der Bundesregierung im Hinblick auf die Mehrheitsverhältnisse im Parlament sei beeinträchtigt.[181] Auf die Frage, ob die Entscheidung des Bundeskanzlers von weiteren Motiven begleitet wurde, kommt es nicht an.[182] Der Bundespräsident besitzt nur eine Evidenzkontrolle im Hinblick auf einen möglichen Missbrauch (des Bundeskanzlers oder des Bundestags).[183] Kann der Einschätzung des

---

177 S. *Peucker, Martina/Bätge, Frank,* Staatsorganisationsrecht, 4. Aufl., 2018, Rn. 170.

178 Diese präsidiale Möglichkeit wird auch als Reservebefugnis bezeichnet, s. *Papier, Hans-Jürgen/Krönke, Christoph,* Grundkurs Öffentliches Recht 1, Grundlagen, Staatsstrukturprinzipien, Staatsorgane und –funktionen, 2. Aufl., 2015, Rn. 435.

179 S. BVerfGE 114, 121, 149.

180 S. *Epping, Volker,* in: v. Mangoldt/Klein/Starck (Hrsg.), GG, Grundgesetz, Band 2, Artikel 20-82, Kommentar, 7. Aufl., 2018, Artikel 68 Rn. 12 f.; *Pieper, Stefan Ulrich,* in: Epping/Hillgruber (Hrsg.), Beck'scher Online-Kommentar, Stand: 36. Edition 01.06.2017, 2017, Rn. 15.3.

181 S. BVerfGE 114, 121, Rn. 138.

182 S. BVerfGE 62, 1, 62.

183 S. BVerfGE 114, 121 (159).

Bundeskanzlers nicht eindeutig eine andere Bewertung der politischen Situation vorgezogen werden, so hat der Bundespräsident sie als verfassungsgemäß hinzunehmen.[184] Die Prüfungskompetenz des Bundesverfassungsgerichts ist durch den zu respektierenden Einschätzungsspielraum des Bundeskanzlers eingeschränkt.[185] In aller Regel bedürfen die Anordnungen und Verfügungen des Bundespräsidenten gemäß Artikel 58 Satz 1 GG zu ihrer Gültigkeit der Gegenzeichnung durch den Bundeskanzler oder durch den zuständigen Bundesminister. Dies gilt nur nicht für die Ernennung und Entlassung des Bundeskanzlers, die Auflösung des Bundestages gemäß Artikel 63 und das Ersuchen gemäß Artikel 69 Absatz 3 (s. Artikel 58 Satz 2 GG). Bis zur Gegenzeichnung sind Anordnungen und Verfügungen des Bundespräsidenten schwebend unwirksam; sie entfalten daher keine Rechtswirkung, insbesondere keine Rechtsverbindlichkeit.[186] Durch die Gegenzeichnung wird die Billigung des Handelns des Bundespräsidenten zum Ausdruck gebracht.[187] Aufgrund der Würde und der Autorität des Amtes kommen auch nichtrechtsförmigen Handlungen des Staatsoberhauptes Gewicht zu, etwa Reden und Stellungnahmen.[188] Umstritten ist, wie das Begriffspaar „Anordnungen und Verfügungen" zu verstehen und auszulegen ist. Vertreten wird,[189] dass davon nur die rechtlich ver-

---

184 S. *Schneider, Hans-Peter,* in: Azzola, GG, Band 2, Artikel 38–146, 2. Aufl., 1989, Artikel 68 Rn. 5 f.

185 S. BVerfGE 114, 121 (160).

186 S. *Gröpl, Christoph,* Staatsrecht I, Staatsgrundlagen, Staatsorganisation, Verfassungsprozess, mit Einführung in das juristische Lernen, 9. Aufl., 2017, Rn. 1335.

187 S. *Butzer, Hermann,* in: Schmidt-Bleibtreu/Hofmann/Henneke (Hrsg.), GG, 14. Aufl., 2018, Artikel 58 Rn. 1.

188 S. *Gröpl, Christoph,* Staatsrecht I, Staatsgrundlagen, Staatsorganisation, Verfassungsprozess, mit Einführung in das juristische Lernen, 9. Aufl., 2017, Rn. 1312.

189 S. *Pieper, Stefan Ulrich,* in: Epping/Hillgruber (Hrsg.), GG, 2. Aufl., 2013, Artikel 58 Rn. 11; *Leisner, Walter Georg,* in: Sodan (Hrsg.), Grundgesetz, 4. Aufl., 2018, Artikel 68 Rn. 2; *Schmidt, Rolf,* Staatsorganisationsrecht, sowie Grundzüge des Verfassungsprozessrechts und des EU-Rechts, 19. Aufl., 2018, Rn. 587.

bindlichen Akten umfasst werden und nicht ebenfalls der Bereich der sonstigen amtlichen und politisch bedeutsamen Handlungen und Erklärungen. Dafür spreche der natürliche Wortsinn (grammatische Auslegung). Der Bundespräsident sei zudem ein eigenständiges oberstes Verfassungsorgan und nicht das Sprachrohr oder gar eine „Marionette" der Regierung. Gerade in Zeiten, in denen die Bundesregierung nicht handeln kann oder will und daher auch keine politische Verantwortung zu übernehmen vermag, müsse er die politische Handlungsfreiheit haben, Anstöße zu bestimmter Politik zu geben. Auch die Rechtsfolge der (Un-)Gültigkeit passe bei Tathandlungen (Realakten) nicht. Die Gegenauffassung[190] will das Begriffspaar weit auslegen und alle amtlichen wie politisch bedeutsamen Handlungen des Bundespräsidenten darunter fassen, also insbesondere auch Reden, Interviews, Stellungnahmen und so weiter. Artikel 58 GG solle nämlich gewährleisten, dass Bundespräsident und Bundesregierung politisch konform arbeiten, also dass der Bundespräsident nicht gegen die Bundesregierung arbeitet. In ihren praktischen Ergebnissen treffen sich beide Meinungen aber in aller Regel im Falle eines traditionell gewählten Präsidenten. Teilweise wird eine Zurückhaltung des Bundespräsidenten mithilfe des Institutes der Verfassungsorgantreue hergeleitet. Danach sind die Verfassungsorgane zur gegenseitigen Rücksichtnahme allgemein verpflichtet.[191] Das Staatsoberhaupt hat neben der Wahrnehmung der ihr durch die Verfassung ausdrücklich zugewiesenen Befugnisse insbesondere eine Repräsentations- und Integrationsaufgabe.[192] Es steht über dem alltäglichen politischen Geschehen und soll jenseits umstrittener Fragen zentrale Werte der Bundesrepublik Deutsch-

---

190 S. *Badura, Peter,* Staatsrecht, Systematische Erläuterung des Grundgesetzes, 7. Aufl., 2018, E Rn. 80; *Bieler, Dirk,* Berliner Kommentar zum Grundgesetz, 1997, Artikel 58 Rn. 1 f.; *Hamann, Andreas/Lenz, Helmut,* Das Grundgesetz für die Bundesrepublik Deutschland vom 23. Mai 1949, 3. Aufl., 1970, Artikel 58 B Nr. 1.

191 S. *Heun, Werner,* in: Dreier, Horst (Hrsg.), GG, Grundgesetz Kommentar, Band II, Artikel 20–82, 3. Aufl., 2015, Artikel 58 Rn. 7.

192 S. BVerfGE 136, 323 (335).

land vermitteln.[193] Der Bundespräsident darf zur Erfüllung seiner Repräsentations- und Integrationsaufgabe, es obliegt ihm sogar, im Interesse der Wahrung und Förderung des Gemeinwesens, das Wort zu ergreifen und die Öffentlichkeit durch seine Beiträge auf von ihm identifizierte Missstände und Fehlentwicklungen aufmerksam zu machen.[194] Er darf aber nie willkürlich Partei ergreifen.[195] In Deutschland muss das Staatsoberhaupt oftmals vorschlagen, ernennen und verkünden. In den allermeisten Fällen geschieht das reibungslos. Jedoch agiert es manchmal, indem es solche Entscheidungen bewusst verzögert. Diese Verzögerungen können sowohl allgemein, auch parteiübergreifend, als sehr willkommen erscheinen, als auch in manchen Fällen insbesondere die Regierung irritieren. Das Warten des Präsidenten mit seinem Kanzlervorschlag, bis die Koalitionsverhandlungen erfolgreich abgeschlossen sind, ist wohl ein typisches Beispiel für den ersteren Fall. Das Warten von Präsidenten Gauck mit der Verkündung des Gesetzes über die Erhöhung der Bezüge der Abgeordneten – mittels Ausübung seines Prüfungsrechts –, wohl nur, um die Aufmerksamkeit der Presse zu wecken, ist ein Beispiel für den letzteren Fall.[196] Dies ist ein Unterschied zum britischen Staatsoberhaupt, wo der letztere Fall seit schon sehr langer Zeit nie mehr geschieht.[197] Mehr als seine Vorgänger hat der aktuelle Bundespräsident in seinem ersten Amtsjahr Politik ge-

---

193 S. *Gröpl, Christoph,* Staatsrecht I, Staatsgrundlagen, Staatsorganisation, Verfassungsprozess, mit Einführung in das juristische Lernen, 9. Aufl., 2017, Rn. 1311.

194 S. BVerfGE 136, 323 (334 f.).

195 S. ibid. (331 f.).

196 Schließlich brauchte das Präsidialamt zwei Monate, um eine „offensichtliche" Verfassungswidrigkeit verneinen zu können, s. *Walker, Bernhard,* Gauck zögert in Sachen Diätenerhöhung, 2014, abrufbar unter: http://www.badische-zeitung.de/deutschland-1/gauck-zoegert-in-sachen-diaetenerhoehung--86699587.html (Stand: 18.06.2018) und *dpa,* Gauck willigt in Diätenerhöhung ein, 2014, abrufbar unter: https://www.zeit.de/politik/deutschland/2014-07/gauck-diaeten-bundestag-zustimmung (Stand: 18.06.2018).

197 S. Fn. 126.

macht.[198] Symptomatisch[199] dafür könnte man etwa seine für eine präsidiale Kabinetternennungsrede ungewöhnlich deutlichen Worte[200] nennen.

c) Rechte und Pflichten des Regierungschefs gegenüber dem Präsidenten

Der Bundeskanzler selbst ist – anders als der Bundespräsident – kein eigenständiges Verfassungsorgan, ebenso wenig sind dies die Bundesminister. Die Bundesregierung ist ein Kollegialorgan, das aus dem Bundeskanzler und den Bundesministern besteht (s. Artikel 62 GG). Regierungsumbildungen während Legislaturperioden sind in Frankreich genauso üblich, wie sie in Deutschland selten sind. Somit können sich deutsche Minister ihrem Chef gegenüber mehr als ihre französischen Amtskollegen erlauben, denn sie brauchen sich weniger um ihre Stelle im Kabinett zu sorgen. Die Position des französischen Regierungschefs in der Regierung ist demnach (noch) stärker als die seines deutschen Amtskollegen. Nichtsdestotrotz ist die Position des Kanzlers in der Regierung recht stark, denn er besitzt gemäß Artikel 65 Sätze 1 und 2 GG ausdrücklich eine

---

198 S. *Seisselberg, Jörg,* Steinmeier ein Jahr im Amt, Krisenmanager in schwierigen Zeiten, 2018, abrufbar unter: https://www.tagesschau.de/inland/steinmeier-bundespraesident-119.html (Stand: 18.06.2018).

199 Seine Einmischung in der Regierungsbildung 2017-2018 (s. dazu S. 24 ff.) ist eher als exzeptionell zu beurteilen.

200 Cf. seine Kabinetternennungsrede (wo man Ausdrücke wie „ein schlichter Neuaufguss des Alten wird nicht genügen.", „Diese Regierung muss sich neu und anders bewähren." oder „Die Regierung ist gut beraten, genau hinzuhören und hinzuschauen" finden kann) mit der seiner direkten Vorgänger Gauck – abrufbar unter: http://www.bundespraesident.de/SharedDocs/Reden/DE/Joachim-Gauck/Reden/2013/12/131217-Bundeskabinett.html (Stand: 18.06.2018) – und Köhler – abrufbar unter: http://www.bundespraesident.de/SharedDocs/Reden/DE/Horst-Koehler/Reden/2005/11/20051122_Rede.html (Stand: 18.06.2018) und unter: http://www.bundespraesident.de/SharedDocs/Reden/DE/Horst-Koehler/Reden/2009/10/20091028_Rede.html (Stand: 18.06.2018) –.

Richtlinienkompetenz („Kanzlerprinzip")[201] – und trägt dafür die Verantwortung.[202] Zudem kann er im Ernstfall grundsätzlich immer einem widerspenstigen Bundesminister mit der Entlassung drohen. Gemäß Artikel 64 Absatz 1 GG kann der Kanzler zwar die Entlassung eines Ministers dem Präsidenten nur vorschlagen, aber diesem mangelt in aller Regel die Legitimität, um sich zu weigern, dem Vorschlag zu entsprechen.[203] Das Amt des Bundeskanzlers oder eines Bundesministers endet normalerweise erst mit dem Zusammentritt eines neuen Bundestages (cf. Artikel 69 Absatz 2 Halbsatz 1 GG). Nur der Bundestag kann gemäß Artikel 67 Absatz 1 Satz 1 GG dem Bundeskanzler das Misstrauen dadurch aussprechen, dass er mit der Mehrheit seiner Mitglieder einen Nachfolger wählt und den Bundespräsidenten ersucht, den Bundeskanzler zu entlassen (der Bundespräsident muss gemäß Artikel 67 Absatz 1 Satz 2 GG dem Ersuchen entsprechen und den Gewählten ernennen). Gleichzeitig enden gemäß Artikel 69 Absatz 2 Halbsatz 2 GG die Ämter aller Bundesminister. Es fehlt dem Bundespräsidenten die demokratische Legitimität, um die Regierungsaufgabe des Bundeskanzlers erheblich zu erschweren. Insbesondere dürfte der Präsident nicht aus rein politischen Gründen die Ratifikation von internationalen Verträgen und die Unterschrift von Gesetzen verweigern.[204] Somit genießt der Bundeskanzler im Falle eines traditionell gewählten Bundespräsidenten so viel, wie verfassungsrechtlich möglich, freie Hand. Schließlich geht gemäß Artikel 115b GG mit der Verkündung des

---

201 S. *Sodan, Helge/Ziekow, Jan*, Grundkurs Öffentliches Recht, Staats- und Verwaltungsrecht, 8. Aufl., 2018, § 15 Rn. 21.

202 Der österreichische Bundeskanzler genießt eine solche Prärogative beispielsweise nicht. Ihm steht keine verfassungsrechtliche Vorrangstellung oder Überrangigkeit gegenüber den anderen Bundesministern zu – er ist lediglich ein „primus inter pares", s. ehemaliger österreichischer Bundespräsident *Schambeck, Herbert*, Der Bundespräsident und die Bundesregierung im Verfassungsvergleich Deutschland und Österreich, in: Herdegen, Matthias/Klein, Hans Hugo/Papier, Hans-Jürgen/Scholz, Rupert (Hrsg.), Staatsrecht und Politik, Festschrift für Roman Herzog zum 75. Geburtstag, 2009, S. 423, 429.

203 S. S. 7 ff.

204 Cf. in Frankreich S. 87 ff.

Verteidigungsfalles[205] die Befehls- und Kommandogewalt über die Streitkräfte auf den Bundeskanzler über. Ein Verteidigungsfall ist in der Geschichte der Bundesrepublik noch nie festgestellt worden. Dieser Artikel liefert aber den Beweis, dass der Verfassung zufolge der Regierungschef eine wichtigere Funktion als das Staatsoberhaupt einnimmt, weil in Fällen großer Krisen die entscheidende und leitende Kraft Deutschlands der Regierungschef ist (und nicht der Präsident).[206]

2) Im Falle eines demokratisch besser gewählten Bundespräsidenten

Einschub: Eine Entwicklung wie der der Weimarer Republik ist keine Fatalität

Die Verfassungseltern waren verständlicherweise traumatisiert von der ungeheur-lichen Entwicklung der Weimarer Republik. Doch ist es weniger verständlich weshalb heute noch äußerst behutsam mit der Rolle des Präsidenten umgegangen werden sollte. Ein starker Präsident bedeutet nämlich nicht unbedingt Diktatur. Man denke nur an die Vereinigten Staaten von Amerika. Der Fall Trump beweist es *cum grano salis* aktuell ziemlich gut. Einerseits konnten der noch amtierende Präsident[207] und überhaupt das gesamte Establishment die Wahl Trumps nicht verhindern, andererseits musste

---

205 Gemäß Art. 115a Abs. 1 Satz 1 GG die Feststellung, dass das Bundesgebiet mit Waffengewalt angegriffen wird oder ein solcher Angriff unmittelbar droht.

206 Wogegen es in Frankreich genau andersherum ist, s. S. 92.

207 S. bspw. *Rhodan, Maya*, President Obama Mocks Donald Trump for Not Being Allowed to Tweet, 2016, abrufbar unter: http://time.com/4561301/donald-trump-twitter-barack-obama/ (Stand: 18.06.2018); *The Washington Post*, Obama: If Trump can't handle Twitter, then he can't handle nuclear codes, 2016, abrufbar unter: https://www.washingtonpost.com/video/national/obama-if-trump-cant-handle-twitter-then-he-cant-handle-nuclear-codes/2016/11/06/be398272-a463-11e6-ba46-53db57f0e351_video.html?utm_term=.b5df758e6323 (Stand: 18.06.2018).

der zum weltweit mächtigsten Menschen Gewordene rasch erfahren, dass er nicht alles machen kann was er will; insofern wurden einerseits mehrere seiner innenpolitischen Vorhaben durch andere Verfassungsorgane zum Teil fast noch rascher[208] Grenzen gezogen,[209] und andererseits musste er hinnehmen, dass er nie über Gesetz und Recht steht[210] – über eine Amtsenthebung musste das Repräsentantenhaus schon abstimmen[211]. Dass ein präsidentenfreundliches System in einem Land zu einer Diktatur geführt hat, bedeutet ebenso wenig, dass ein erneut eingeführtes präsidentenfreundliches System wieder zur Diktatur führen wird. Man denke nur an Frankreich; Louis-Napoleon Bonaparte – der erste französische Präsident, unmittelbar vom Volk gewählt und mit bedeutender Macht ausgestattet – verriet mittels eines Staatsstreiches die Zweite Republik, wobei eine vergleichbare Entwicklung im Laufe der Fünften Republik bis zum heutigen Tag nicht geschah. Genau wegen der schlechten Erfahrung der Zweiten Republik war es in Frankreich bei weitem nicht unumstritten, erneut ein präsidentenfreundliches System einzuführen. Bis hin zum Anfang der Fünften Republik wurden die Präsidenten in diesem Sinne nie mehr unmittelbar vom Volk gewählt. Gegner der allgemeinen Direktwahl des Staatspräsidenten in Frankreich hatten die Präsidentenwahl von 1848 (Wahlsieg vom

---

208 S. *de Vogue, Ariane/Jarrett, Laura,* Trump furious after court upholds block on travel ban, 2017, abrufbar unter: https://edition.cnn.com/2017/02/09/politics/travel-ban-9th-circuit-ruling-immigration/index.html (Stand: 18.06.2018).

209 S. *Shugerman, Emily,* Donald Trump has failed to achieve more than 80 % of what he promised in his first 100 days, The president has successfully carried out only seven of the 38 promises in his "Contract with the American Voter", 2017, abrufbar unter: https://www.independent.co.uk/news/world/americas/us-politics/trump-promises-broken-first-100-days-wall-obamacare-repeal-immigration-a7706671.html (Stand: 18.06.2018).

210 S. *Collinson, Stephen,* Trump's three-front legal war turns on sex, money and Russia, 2018, abrufbar unter: https://edition.cnn.com/2018/03/29/politics/donald-trump-legal-battles-robert-mueller-stormy-daniels/index.html (Stand: 18.06.2018).

211 S. *Marcos, Cristina,* House rejects Democrat's resolution to impeach Trump, 2017, abrufbar unter: http://thehill.com/homenews/house/363544-house-rejects-democratic-resolution-to-impeach-trump (Stand: 18.06.2018).

künftigen Kaiser Napoleon III.) in bitterer Erinnerung.[212] Zudem hat man lange eine direkte Wahl des Präsidenten als eine zu große Personifizierung der Macht erachtet und damit für die Demokratie schädlich.[213] De Gaulle erzwang aber 1962 mittels einer verfassungsändernden Volksabstimmung die unmittelbare Wahl des Präsidenten. Die Volksabstimmung wurde auf verfassungsrechtlich dubioser Grundlage durchgeführt[214] und wurde wohl nur deshalb durch den Verfassungsrat nicht blockiert, weil De Gaulle[215] der Initiator war.[216] Um die Wähler dazu zu bringen, bei der Volksabstimmung mit „Ja" zu stimmen, hatte General De Gaulle in seiner Fernsehansprache vom 20. September 1962 erklärt, „dass weder die jeweiligen Rechte noch die Machtverhältnisse aufgrund der direkten Wahl des Staatschefs verändert seien".[217] Es ist aber wohl selbstverständlich, dass diese Interpretation der Wirklichkeit nicht entsprach; unter dem Deckmantel einer Modifizierung handelte es sich tatsächlich gleichzeitig um eine „Revision-Gründung".[218] Genau so wie es Deutschland bis jetzt gelungen ist, die Gefahren des parlamentarischen

---

212 S. *Gohin, Olivier,* Droit constitutionnel [Verfassungsrecht], 3. Aufl., 2016, Rn. 645.

213 S. *Oliva, Éric/Giummarra, Sandrine,* Droit constitutionnel [Verfassungsrecht], 9. Aufl., 2017, S. 138.

214 S. *Debbasch, Roland,* Droit constitutionnel [Verfassungsrecht], 11. Aufl., 2017, Rn. 189.

215 2005 als größter Franzose aller Zeiten gewählt in einer der „100 Greatest Britons" der BBC angelehnten und im Plenarsaal des Senates präsentierten Fernsehsendung des öffentlichen Senders France 2, s. *L'Obs,* De Gaulle plus grand Français de tous les temps [De Gaulle größter Franzose aller Zeiten], 2005, abrufbar unter: https://www.nouvelobs.com/culture/20050405.OBS3037/de-gaulle-plus-grand-francais-de-tous-les-temps.html (Stand: 18.06.2018).

216 Cf. Conseil constitutionnel [Verfassungsrat], Entscheidung Nr. 62-20 DC [Déclaration de conformité; Konformitätserklärung], 6. November 1962 i.V.m. *Rouvillois, Frédéric,* Droit constitutionnel 2, La Ve République [Verfassungsrecht 2, Die Fünfte Republik], 5. Aufl., 2016, S. 57.

217 S. *Gicquel, Jean/Gicquel, Jean-Éric,* Droit constitutionnel et institutions politiques [Verfassungsrecht und politische Institutionen], 31. Aufl., 2017, Rn. 984 (Fn. 48).

218 S. ibid.

Systems[219] zu vermeiden, kann man demzufolge Deutschland zutrauen, ein präsidentenfreundlicheres System zu meistern.

a) Von der Verfassung eingeräumter Spielraum für den Präsidenten

Bundeskanzler Adenauer hatte 1959 öffentlich per Rundfunkansprache dem gesamten Volk mitgeteilt, dass der Bundespräsident vom Grundgesetz keineswegs auf jenes vor allem repräsentative Amtsverständnis festgelegt wird, das Theodor Heuss im öffentlichen Bewusstsein geprägt hat: "Die Stellung, die Aufgabe und die Arbeit des Bundespräsidenten wird in der deutschen Öffentlichkeit und damit auch international zu gering eingeschätzt. Sie ist viel größer, als man schlechthin glaubt".[220] Bundespräsident Lübke hatte in diesem Sinne mehrere Ideen. Er war sogar entschlossen, seine Kompetenzen „bis zur äußersten Grenze“ auszuschöpfen.[221] So war er etwa in der Regierungspolitik aktiv (z.B. Einsatz zur Einfügung einer Notstandsverfassung in das Grundgesetz oder für eine Reform der Finanzverfassung), hatte vorgeschlagen, der Bundespräsident solle nach dem – damalig geltenden –[222] Beispiel der Niederlande

---

219 Ein solches System verhindert keinesfalls unbedingt Fürchterliches. Man denke nur an Frankreich (Terrorherrschaft 1793 während der Ersten Republik). Zudem kann es insbesondere zu einer chronischen Regierungsinstabilität führen. Man denke wieder an Frankreich (insbesondere während der Dritten und Vierten Republik).

220 S. *Detjen, Stephan,* Die Präsidentschaftskrise, 1999, abrufbar unter: http://www.deutschlandfunk.de/die-praesidentschaftskrise.934.de.html?dram:article_id=131551 (Stand: 18.06.2018).

221 S. *Berger, Hans* in einem Nachruf auf *Lübke,* in: Die Welt vom 08.04.1972.

222 Seit 2012 nimmt anstatt des Monarchs nunmehr die *de facto* dem Bundestag und sowohl *de jure* als auch *de facto* der Nationalversammlung vergleichbare Zweite Kammer des ndl. Parlamentes (in der Verfassung steht anstatt Parlament „der Staten-Generaal“, s. insb. Art. 50 ff. ndl. GG), diese Aufgabe wahr, s. *Overheid.nl,* 32 759, Voorstel van de leden Schouw en Van der Ham tot wijziging van het Reglement van Orde in verband met de aanwijzing van kabinets(in)formateur(s) [Vorschlag der Parlamentarier Schouw und Van der Ham zur Änderung der Ordnungsregelung in Zusammenhang mit

nach der Konsultation mit den Parteivorsitzenden einen „Informator“ bestellen, um dadurch in die Koalitionsverhandlungen über die Kabinettsbildung „eingeschaltet“ zu bleiben, und hatte schließlich versucht, die Berufung des Christdemokraten Gerhard Schröder zum Außenminister zu verhindern mittels einer förmlichen Untersuchung durch einen „hohen Richter“ – u.a. wegen vermeintlichen Abweichens von der politischen Linie des Bundeskanzlers.[223] Einschränkungen der Kompetenzen des Bundespräsidenten entbehren einer expliziten grundgesetzlichen Grundlage. Bis heute werden die präsidialen Kompetenzen dem Staatsoberhaupt gegenüber zum größten Teil (mit der beachtlichen Ausnahme bezüglich seiner geschaffenen Prüfungskompetenz) rigide bis hin zu streng ausgelegt. Dies entspricht kaum der ihm durch das Grundgesetz gegebene Wichtigkeit. Der Präsident wird von einem Verfassungsorgan gewählt, genau wie der Bundeskanzler. Dieses Organ erschöpft sich sogar, anders als das, das den Kanzler wählt, ausschließlich in der Bundespräsidentenwahl. Der Präsident ist *in fine* an sich selbst ein Verfassungsorgan. Kein anderes Verfassungsorgan besteht nur aus einer einzigen Person. Der Bundeskanzler konstituiert etwa nur gemeinsam mit den anderen Regierungsmitgliedern das Organ „Bundesregierung“. Somit sollten großzügige bis hin zu gewagten Auslegungen (man denke nur an Frankreich) möglich erscheinen, um die durch das Grundgesetz gegebenen Möglichkeiten mehr auszuschöpfen. Zudem könnte das Staatsoberhaupt darauf hinweisen, dass ein machtloser Präsident mit starker demokratischer Legi-

---

der Anweisung von Beauftragten zur Bildung eines Kabinetts], 2012, abrufbar unter: https://zoek.officielebekendmakingen.nl/dossier/32759/kst-32759-8?resultIndex=4&sorttype=1&sortorder=4 (Stand: 18.06.2018) i.V.m. *Overheid.nl*, 13 Stemmingen Aanwijzing kabinets(in)formateur(s) [Wahlergebnisse zur Anweisung von Beauftragten zur Bildung eines Kabinetts], 2012, abrufbar unter: https://zoek.officielebekendmakingen.nl/dossier/32759/h-tk-20112012-68-13?resultIndex=0&sorttype=1&sortorder=4 (Stand: 18.06.2018).

223 S. *Morsey, Rudolf*, Hans Berger – Chef des Bundespräsidialamts 1965–1969 bei Bundespräsident Lübke, in: Herdegen, Matthias/Klein, Hans Hugo/Papier, Hans-Jürgen/Scholz, Rupert (Hrsg.), Staatsrecht und Politik, Festschrift für Roman Herzog zum 75. Geburtstag, 2009, S. 299, 302 u. 304 f.

timation kaum Sinn ergäbe. Je demokratischer seine Wahl war, desto umfassender sollte er grundsätzlich das Grundgesetz auch zu seinen Gunsten auslegen dürfen. Der Bundespräsident muss kein *pouvoir neutre* sein.[224] Insbesondere wenn das aktuelle System ermüdet erscheinen sollte[225], wäre es vielleicht die Gelegenheit, die aus der staatsorganisationsrechtlichen teilweisen Dürftigkeit des Grundgesetzes ausgehende Flexibilität zu nutzen. In Frankreich entwickelt sich die Fünfte Republik mit einer zweiköpfigen Exekutive als die langlebigste Republik der Geschichte Frankreichs – und sogar als System an sich seit 1789.[226] Dass ein solches System an der anderen Seite des Rheins vergleichsweise gut funktioniert hat, bedeutet zwar keinesfalls, dass das Gleiche auch in Deutschland gelten wird,[227] doch legt es die Vermutung nahe, dass es jedenfalls versucht

---

224 Cf. *Klein, Eckart,* in: Isensee/Kirchof (Hrsg.), Handbuch des Staatsrechts, Band II, 3. Aufl., 2004, § 19 Rn. 21, der von einer „(falschen) Einschätzung des Bundespräsidenten als pouvoir neutre" spricht.

225 Cf. die tatsächlich gehaltene Rede des aktuellen Bundespräsidenten *Steinmeier, Frank-Walter* während seinem Antrittsbesuch in Rheinland-Pfalz wie zitiert durch *Tagesschau,* Rede des Bundespräsidenten, Steinmeier sieht Demokratie in Gefahr, 2018, abrufbar unter: http://www.tagesschau.de/inland/steinmeier-767.html (Stand 18.06.2018) – cf. die unterschiedliche verfügbare Rede auf der Homepage des Bundespräsidialamtes, Bundespräsident Frank-Walter Steinmeier bei der Jubiläumsveranstaltung „175 Jahre IHK Pfalz" am 19. März 2018 auf dem Hambacher Schloss in Neustadt an der Weinstraße, 2018, abrufbar unter: http://www.bundespraesident.de/SharedDocs/Reden/DE/Frank-Walter-Steinmeier/Reden/2018/03/180319-175Jahre-IHK-Pfalz.html (Stand: 18.06.2018) –.

226 S. *Zarka, Jean-Claude,* L'essentiel de l'histoire constitutionnelle et politique de la France (de 1789 à nos jours) [Das Wesentliche aus der verfassungs- und politischen Geschichte Frankreich (von 1789 bis heute)], 8. Aufl., 2017, S. 3.

227 Cf. *Montesquieu, Charles Louis de Secondat, baron de La Brède et de Montesquieu,* De l'esprit des loix, Ou du rapport que les loix doivent avoir avec la Constitution de chaque Gouvernement, les Mœurs, le Climat, la Religion, le Commerce &c., à quoi l'Auteur a ajouté, Des recherches nouvelles sur les Loix Romaines touchant les Successions, sur les Loix Françoises et sur les Loix Féodales [Vom Geist der Gesetze, Oder über den Bezug, den die Gesetze zum Aufbau jeder Regierung, zu den Sitten, zum Klima, der Religion, dem Handel etc. haben müssen, wozu der Autor noch neue Untersuchun-

werden könnte. Es ist ausschließlich Sache des Bundespräsidenten, darüber zu befinden, wie er seine Amtsführung gestalten und seine Integrationsfunktion wahrnehmen will.[228] Inwieweit er sich dabei am Leitbild eines „neutralen Bundespräsidenten" orientieren will unterliegt weder generell noch im Einzelfall gerichtlicher Überprüfung.[229] *E contrario* kann der Bundespräsident auch entscheiden, sehr politisch aufzutreten und zu handeln. Sollte der Präsident vor seiner Wahl öffentlich bekannt gegeben haben aktiv sein zu wollen, gegebenenfalls sogar eine Liste mit Werten und Projekte angegeben haben, so hat dies einen nicht zu unterschätzenden Einfluss auf seine Position als Präsident. Insbesondere die präsidiale Prüfungskompetenz und Äußerungsfreiheit sollten sich im Falle einer gestärkten demokratischen Legitimität angemessen zu Lasten des Kanzlers ändern.

b) Rechte und Pflichten des Präsidenten gegenüber dem Regierungschef

Drei Fallkategorien sind wahrscheinlich. Erstens kann der Bundespräsident die Regierung so viel wie möglich in ihren Vorhaben stützen wollen. Dies wäre insbesondere denkbar, wenn er einer Regierungspartei angehören würde[230] oder aus sonstigen Gründen politisch sehr nah an der Regierung wäre. Er kann die Regierungsfähigkeit der Regierung konkret verbessern, indem er beispielsweise regierungsfreundliche Reden hält oder die Gesetze vor ihrer Unterzeichnung nie lange[231] sowie nur auf offensichtliche[232] formelle und materielle Verfassungswidrigkeit (durch das Präsidialamt) prüfen lässt. Zweitens kann der Bundespräsident so viel wie möglich seine

gen über die römischen Erbfolgegesetze, die französischen Gesetze und die Feudalgesetze hinzugefügt hat], Band I, 1748, Buch XXIX Kapitel XI a.E.

228 S. BVerfGE 136, 323 (336).

229 S. ibid. (336).

230 S. zur Möglichkeit *Degenhart, Christoph,* Staatsrecht I, Staatsorganisationsrecht, Mit Bezügen zum Europarecht, 33. Aufl., 2017, Rn. 781.

231 S. zu einem gegenteiligen Fall S. 51.

232 S. S. 46 ff.

eigene[233] Agenda verfolgen wollen. Versucht der Präsident so viel wie möglich selbstständig mitzuregieren (und gegebenenfalls gegen zu regieren), so kann dies sehr populär sein[234] indem die Ansichten von noch größeren Teilen der Bevölkerung an der Regierung des Landes unmittelbar berücksichtigt werden.[235] Der Präsident könnte zum Beispiel in seinem Wahlprogramm entschieden haben, dafür Sorge tragen zu wollen, Rechtsänderungen bezüglich bestimmter Themen äußerst genau beobachten zu wollen und Gesetzesvorlagen (oder Ratifizierung von Verträgen) in diesem Sinne nur zu unterzeichnen, soweit sie zweifelsfrei rechtsgemäß sind. Die Aufgabe kann kaum als verfassungswidrig angesehen werden, denn grundgesetzwidrige Gesetze (oder entsprechende internationale Verträge) sind *per se* nicht wünschenswert in einem Rechtsstaat. Mit solchen Rechtskontrollen kann der Präsident Politik treiben indem er Gesetze (und internationale Verträge) verhindert oder ihr Inkrafttreten zumindest zeitlich verzögert. In ähnlicher Weise kann er außerhalb der Regierungsbildung wichtige Ernennungen, die er vorzunehmen hat, vorerst durch das Präsidialamt untersuchen lassen. Sollten seine Verweigerungen auf rechtlichen Fehlern beruhen, so können Organstreitverfahren gemäß Artikel 93 Absatz 1 Nummer 1 GG von den anderen Bundesorganen und insbesondere der Bundesregierung gegen ihn eingeleitet werden. Er kann sehr regierungsunabhängige Reden halten und Interviews geben.[236] Er sollte sogar regierungskritische Positionen einnehmen dürfen, solange es dem Staat nicht schadet; Verständnis und gegebenenfalls Kompromissbereitschaft mit dem Kanzleramt wären in dem Falle angesagt. In Fällen, in denen der Kanzler vorgezogene Neuwahlen anstreben würde, dürfte der Präsident, gestützt auf seine allgemein bekannten politischen

[233] Bzw. der Oppositionspartei, deren Mitglied er ist.

[234] Man denke an der Beliebtheit der Kohabitation in der französischen Bevölkerung, s. Fn. 135.

[235] Cf. *Bigaut, Christian*, in: La cohabitation dans la vie politique française, Questions à Christian Bigaut [Die Kohabitation im französischen politischen Leben, Fragen an Christian Bigaut], 2002, abrufbar unter: http://www.ladocumentationfrancaise.fr/dossiers/d000132-la-cohabitation-dans-la-vie-politique-francaise/questions-a-christian-bigaut# (Stand: 18.06.2018).

[236] S. zur Möglichkeit S. 49 f.

Positionen und auf dem Wortlaut des Grundgesetzes, welches eher zu seinen Gunsten spricht, seine Zustimmung für eine Bundestagsauflösung einfacher verweigern. Drittens kann der Bundespräsident entscheiden, sich eher als über den Parteien und von der täglichen Politik entfernt zu verstehen. In dieser Fallkonstellation ist seine Position insofern einer traditionellen zuzuordnen. Selbstverständlich bleibt der Präsident in allen Fallkategorien immer an Gesetz und Recht gemäß Artikel 20 Absatz 3 GG gebunden.

c) Rechte und Pflichten des Regierungschefs gegenüber dem Präsidenten

Im Falle eines oppositionellen Bundespräsidenten könnte der Bundeskanzler den Informationszustrom des Präsidenten mittels des Vertreters des Bundespräsidialamtes im Ministerrat durch ein Gespräch über die aktuelle Lage des Landes ersetzen.[237] In seiner Funktion als Staatsoberhaupt der Bundesrepublik Deutschland sollte es aber jedenfalls eine Informationspflicht ihm gegenüber bezüglich der allgemeinen Politik des Landes geben.[238] Somit dürfte die Bundesregierung den Inhalt des § 5 GOBreg nicht wesentlich ändern. Der Kanzler dürfte der Organtreue wegen nicht mittels des Bundestages die Mittel des Bundespräsidentenamtes so sehr beschneiden wollen, dass der Präsident seine Aufgaben nicht mehr ordnungsgemäß wahrnehmen kann.[239] Falls der Kanzler sich nicht mit dem Präsidenten verständigen könnte, so würde der Weg nach Karlsruhe unausweichlich werden. Das Bundesverfassungsgericht würde dann eine Rechtsprechung bilden müssen, um die genauen

---

[237] Cf. *Hesselberger, Dieter,* Das Grundgesetz, Kommentar für die politische Bildung, 13. Aufl., 2003, Artikel 62 Rn. 1 und *The UK Royal Family,* The Queen's role in Government, o.A., abrufbar unter: https://www.royal.uk/queen-and-government (Stand: 18.06.2018).

[238] S. *Giese, Friedrich/Schunck, Egon,* Grundgesetz für die Bundesrepublik Deutschland, vom 23. Mai 1949, 9. Aufl., 1976, S. 142, wo der RiBVerfG a.D. *Schunck* annimmt, dass diese Aufgabe durch den Bundeskanzler selbst wahrgenommen wird.

[239] Cf. in Frankreich S. 95.

gegenseitigen Kompetenzen sowie Verpflichtungen zwischen dem Staatsoberhaupt und dem Regierungschef zu definieren.

II) In Frankreich

1) Im Falle einer traditionellen Situation

a) Von der Verfassung eingeräumter Spielraum für den Präsidenten

aa) Verfassungsgeschichtlicher Hintergrund

Die Dritte und Vierte Republik, beide Regime klassischer parlamentarischer Natur, machten aus dem Staatspräsidenten einen Schiedsrichter, der ein rein moralisches Magistrat ausübte.[240] Die Verfassung von 1958 bestimmt das Staatsoberhaupt, obwohl sie ihm neue Machtbefugnisse zuweist, weiter als Schiedsrichter. Der Präsident soll mittels seiner Schiedsgewalt die ordnungsgemäße Ausübung der öffentlichen Gewalt sowie den Bestand des Staates sicherstellen (s. Artikel 5 Absatz 1 Satz 2 frz. Verfassung). Streng buchstäblich genommen bedeutet diese Vorschrift, dass der Präsident auf keinen Fall derjenige wäre, der regiert, Initiativen ergreift oder die alltägliche Wirklichkeit der Macht ausübt; in der Theorie würde diese Rolle nämlich der Regierung und ihrem Chef zugewiesen.[241] Viele der Befugnisse, die die französische Verfassung dem Präsidenten der Republik erteilt, könnte der deutsche Bundespräsident ebenfalls besitzen, ohne dass das Verhältnis zwischen ihm und dem Bundeskanzler fundamental verändert würde. Doch die Verfassung von 1958 räumt dem Präsidenten auch neue Kompetenzen ein. Insbesondere erteilt sie dem Staatschef die freie Machtbefugnis, die früher

---

[240] S. *Esplugas-Labatut, Pierre,* in: Caporal-Gréco, Stéphane/Esplugas-Labatut, Pierre/Ségur, Philippe/Torcol, Sylvie, Droit constitutionnel [Verfassungsrecht], 2017, S. 237.

[241] S. ibid., S. 231.

fast ungebräuchlich geworden war, die Nationalversammlung aufzulösen.[242] Der Wunsch eines stärkeren Staatsoberhauptes war von General De Gaulle schon in seiner berühmten Rede von Bayeux im Juni 1946 formuliert worden –[243] allerdings ohne Erfolg angesichts der Verkündung der Vierten Republik im Oktober desselben Jahres. In zahlreichen Ländern wird das parlamentarische System nach dem von der Fünften Republik eingeführten Modell beeinflusst; die Regierung ist gegenüber der niedrigeren Kammer verantwortlich und der Staatspräsident, der durch allgemeine unmittelbare Wahlen gewählt wird, verfügt über ein Auflösungsrecht.[244] So ist es der Fall in Algerien (Verfassung vom 28. November 1996), Mauretanien (Verfassung vom 20. Juli 1991), auf Madagaskar (Verfassung vom 11. Dezember 2010), in Mali (Verfassung vom 25. Februar 1992), Niger (Verfassung vom 25. November 2010), Senegal (Verfassung vom 22. Januar 2001), Togo (Verfassung vom 14. Oktober 1992), in Tunesien (Verfassung vom 27. Januar 2014) und in Tschad noch bis Anfang Mai 2018 (Die Verfassung vom 4. Mai 2018 führt ein Präsidialregime ein – der Premierministerposten wird abgeschafft).

bb) Verfassungsgerichtliche Kontrolle

(1) Der Verfassungsrat

Der Verfassungsrat ist außer für die Amtsenthebung grundsätzlich zuständig. Gemäß Artikel 56 Absatz 1 Satz 1 frz. Verfassung besteht der Verfassungsrat aus neun Mitgliedern, deren Amtszeit neun Jahre beträgt. Er wird gemäß Artikel 56 Absatz 1 Satz 2 frz. Verfassung alle drei Jahre je zu einem Drittel erneuert. Bemerkenswert ist, dass die Mitglieder des Verfassungsrates nicht unbedingt Juristen zu sein brauchen. Zudem werden die Verfassungsrichter entweder nahezu beliebig durch Politiker ernannt (s. Arti-

---

242 S. ibid., S. 237.

243 S. *De Gaulle, Charles,* Discours et Messages [Reden und Mitteilungen], Tome II : Dans l'attente 1946-1958 [Band II: In der Erwartung 1946-1958], 1970, S. 10.

244 S. *Ségur, Philippe,* in: Caporal-Gréco, Stéphane/Esplugas-Labatut, Pierre/Ségur, Philippe/Torcol, Sylvie, Droit constitutionnel [Verfassungsrecht], 2017, S. 104.

kel 56 Absatz 1 Sätze 3 und 4 frz. Verfassung) oder sind selber ehemalige Politiker, indem sie Frankreich präsidiert haben (alle ehemaligen Präsidenten der Republik werden gemäß Artikel 56 Absatz 2 frz. Verfassung automatisch Verfassungsrichter auf Lebenszeit). Drei der neun regelmäßigen Mitglieder werden vom Präsidenten der Republik ernannt – darunter der Verfassungsratspräsident; drei vom Präsidenten der Nationalversammlung und drei vom Präsidenten des Senats (s. Artikel 56 Absatz 1 Satz 3 und Absatz 3 frz. Verfassung). Der Verfassungsrat ist nur mit einer begrenzten Entscheidungskompetenz ausgestattet. Insbesondere hat es keine dem § 93 Absatz 1 Nummer 1 GG vergleichbare Kompetenz. So verbleiben heute noch „tote Winkel" in der Verfassung, wovon der Verfassungsrat die ordnungsmäßige Einhaltung nicht sichern kann.[245] Das typische Beispiel – das angesichts der Reichweite der in diesem Falle betroffenen Bestimmungen alles außer unerheblich ist – betrifft die jeweiligen Machtbefugnisse des Staatspräsidenten und des Premierministers sowie ihr gegenseitiges Verhältnis.[246] Es fehlt ergo die Möglichkeit für den Staatspräsidenten oder Premierminister den Rat anzurufen bezüglich der genauen Befugnisse des Einen gegenüber dem Anderen.

(2) Das Hohe Gericht

Das Hohe Gericht ist für die Entscheidung einer Amtsenthebung im Falle einer offensichtlich mit der Ausübung des Mandates unvereinbaren Pflichtverletzung zuständig (s. Artikel 68 Absatz 1 Satz 1 frz. Verfassung). Es besteht jedoch überhaupt nicht aus Richtern, sondern aus allen Parlamentariern (s. Artikel 68 Absatz 1 Satz 2 frz. Verfassung). Jede Kammer des Parlamentes kann gemäß Artikel 68 Absätze 2 und 4 Satz 1 frz. Verfassung mit der Mehrheit von zwei Dritteln seiner Mitglieder den Zusammentritt des Hohen Gerichts beschließen. Das Hohe Gericht entscheidet in geheimer Abstimmung über die Amtsenthebung (s. Artikel 68 Absatz 3 Satz 2 frz. Verfassung). Gemäß Artikel 68 Absatz 4 Satz 1 frz. Verfassung

---

245 S. *Esplugas-Labatut, Pierre,* in: Caporal-Gréco, Stéphane/Esplugas-Labatut, Pierre/Ségur, Philippe/Torcol, Sylvie, Droit constitutionnel [Verfassungsrecht], 2017, S. 180.

246 S. ibid.

bedarf der Beschluss die Zustimmung von zwei Dritteln der Mitglieder des Hohen Gerichts und hat gemäß Artikel 68 Absatz 3 Satz 3 frz. Verfassung sofortige Wirkung. Es gibt keinen Rechtsbehelf für den Präsidenten, um eine Entscheidung des Parlamentes, Hohen Gerichtes, juristisch überprüfen zu lassen ob tatsächlich der notwendige schwerwiegende Verstoß tatsächlich vorlag. Das Parlament könnte somit auch für rein politische Gründe den Präsidenten absetzen. Doch hat eine Amtsenthebung noch nie stattgefunden, eine solche Prozedur wurde sogar noch nie angefangen,[247] *a fortiori* wurde keine eher politische Amtsenthebung durchgeführt. Zudem sind die Hürden sehr hoch für eine Amtsenthebung, eine Zweidrittelmehrheit ist notwendig. Die Regierungspartei(en) und wenigstens die größte Oppositionspartei müssten in aller Regel schon übereinstimmen für eine Amtsenthebung. Zudem ist trotz arithmetischer Mehrheiten überhaupt nicht sicher, ob die Parlamentarier die Fraktionsdisziplin für ein solch wichtiges Votum werden einhalten wollen. Mit gutem Grund könnten sie apolitisch prüfen wollen, etwa gestützt auf Gutachten oder Meinungen von eminenten Verfassungsrechtler, ob die durch Artikel 68 Absatz 1 der Verfassung geforderte offensichtlich mit der Ausübung des präsidialen Mandates unvereinbare Pflichtverletzung auch tatsächlich als gegeben betrachtet werden kann. Somit ist die französische Regelung insofern gut gemacht, als trotz mangelnder juristischer Kontrolle auch tatsächlich nur schwerwiegende verfassungsrechtliche Verstöße zu einer Amtsenthebung des Staatsoberhauptes führen sollten.

247 Cf. mit Deutschland, wo die Staatsanwaltschaft Hannover einen Tag vor dem deshalb erfolgten Rücktritt von Bundespräsident Wulff die Aufhebung von dessen Immunität beantragt hatte, *ZEIT ONLINE*, Bundespräsident, Staatsanwaltschaft will Wulffs Immunität aufheben lassen, 2012, abrufbar unter: https://www.zeit.de/politik/deutschland/2012-02/wulff-immunitaet/komplettansicht (Stand 18.06.2018).

b) Rechte und Pflichten des Präsidenten gegenüber dem Regierungschef

aa) Der Präsident als der politische Chef des Landes

Nach den Worten von einem der Väter der Fünften Republik und ihres ersten Regierungschefs, Michel Debré, soll der Präsident die Schlüsselfigur der Institutionen und oberster Richter des nationalen Interesses sein.[248] Viele seiner Aufgaben entsprechen jedoch (gegebenenfalls: noch) denen eines einfachen „Schiedsrichters". Gemäß Artikel 52 Absatz 1 frz. Verfassung verhandelt und ratifiziert der Präsident die Verträge. Er wird gemäß Artikel 52 Absatz 2 frz. Verfassung über jede Verhandlung unterrichtet, die auf den Abschluss eines nicht der Ratifizierung unterliegenden internationalen Abkommens hinzielt. Insbesondere Verträge, die gegen interne gesetzliche Vorschriften verstoßen würden, kann das Staatsoberhaupt ohne das Parlament nicht wirksam ratifizieren (s. Artikel 53 Absätze 1 und 2 frz. Verfassung). Insofern kann das Parlament über den Verhandlungsspielraum des Präsidenten entscheiden.[249] Der Präsident verkündet gemäß Artikel 10 Absatz 1 frz. Verfassung die Gesetze innerhalb von fünfzehn Tagen nach Übermittlung des endgültig angenommenen Gesetzes an die Regierung. Eine Prüfungskompetenz, auch nur um offensichtliche verfassungswidrige Gesetze zu stoppen, besitzt der Präsident nicht. Eine solche Kompetenz wäre auch überflüssig, denn er kann entweder eine neue Beratung des Gesetzes verlangen oder sofort schon den Verfassungsrat anrufen. Gemäß Artikel 10 Absatz 2 Satz 1 frz. Verfassung kann er innerhalb von fünfzehn Tagen vom Parlament die neue Beratung des Gesetzes oder bestimmter Artikel desselben verlangen – diese neue Beratung kann nicht verweigert werden (s. Artikel 10 Absatz 2

248 S. seine Rede vor dem Staatsrat am 27. August 1958 – abrufbar unter: http://mjp.univ-perp.fr/textes/debre1958.htm (Stand: 18.06.2018).

249 Cf. mit Deutschland, wo der Bundespräsident ausschließlich die Kompetenz besitzt, die von der Bundesregierung oder der Legislative getroffenen Entscheidungen auf internationaler Ebene zu repräsentieren und zu ratifizieren, s. S. 44 f.

Satz 1 frz. Verfassung). Vor der Verkündung kann er Gesetze gemäß Artikel 61 Absatz 2 frz. Verfassung auch dem Verfassungsrat zuleiten, um über ihre Vereinbarkeit mit der Verfassung zu befinden. Die Anrufung des Verfassungsrates hemmt die Verkündungsfrist (s. Artikel 61 Absatz 4 frz. Verfassung). Gemäß Artikel 13 Absatz 1 frz. Verfassung unterzeichnet der Präsident die im Ministerrat beschlossenen gesetzesvertretenden Verordnungen und Dekrete. Der Präsident führt gemäß Artikel 9 frz. Verfassung den Vorsitz im Ministerrat.[250] Ausnahmsweise kann der Premier aufgrund einer ausdrücklichen Beauftragung und mit einer festen Tagesordnung dem Präsidenten im Vorsitz vertreten (s. Artikel 21 Absatz 4 frz. Verfassung). Die Praxis der Fünften Republik macht aus dem Präsidenten aber keinen Schiedsrichter.[251] Die tatsächlichen Machtverhältnisse im Staat werden geformt und nur teilweise durch das Recht und rechtlich strukturierte Verfahren konstituiert.[252] Traditionelle Situation in Frankreich bedeutet präsidiale Praxis der Institutionen.[253] Insofern verletzt das Staatsoberhaupt im Rahmen der traditionellen Situation vorsätzlich und ständig Artikel 5 Absatz 1 Satz 1 frz. Verfassung, wonach der Staatspräsident über die Einhaltung der Verfassung zu wachen hat. Dem General De Gaulle kommt es zu, die Praxis der Fünften Republik, die dem Präsidenten eine Vormachtstellung einräumt, erweckt zu haben.[254] Die Tatsache, dass er der erste „Benutzer" der Verfassung von 1958 gewesen ist, spielt

---

250 Cf. mit Deutschland wo der Chef des Präsidialamts gemäß § 23 Abs. 1 GOBreg als Beobachter regelmäßig an den Kabinettssitzungen teilnimmt.

251 S. *Esplugas-Labatut, Pierre,* in: Caporal-Gréco, Stéphane/Esplugas-Labatut, Pierre/Ségur, Philippe/Torcol, Sylvie, Droit constitutionnel [Verfassungsrecht], 2017, S. 232.

252 S. *Schröder, Ulrich Jan,* Das Demokratieprinzip des Grundgesetzes, JA 2017, 809, 809.

253 S. *La Documentation française,* Pratiques de cohabitation [Kohabitationspraktiken], 2002, abrufbar unter: http://www.ladocumentationfrancaise.fr/dossiers/d000132-la-cohabitation-dans-la-vie-politique-francaise/pratiques-de-cohabitation (Stand: 18.06.2018).

254 S. *Esplugas-Labatut, Pierre,* in: Caporal-Gréco, Stéphane/Esplugas-Labatut, Pierre/Ségur, Philippe/Torcol, Sylvie, Droit constitutionnel [Verfassungsrecht], 2017, S. 238.

keine unerhebliche Rolle: Tatsächlich hat die historische und charismatische Dimension des sogenannten „Menschen [des Aufrufs zum Widerstand] vom 18. Juni [1940]" und Chef des „Freien Frankreichs" dem Staatschef ermöglicht, die Gesamtheit seiner Machtbefugnisse auszuüben, und sogar noch mehr als der Wortlaut der Verfassung aus 1958 vorsieht.[255] Kein anderer Präsident hätte eine solche Vision wohl durchsetzen können.[256] Zudem verfügt der Präsident seit 1962 über eine größtmögliche demokratische Legitimität.[257] Alle wahlberechtigten Franzosen weltweit aufzurufen, um einen machtlosen Amtsinhaber zu wählen, ergäbe kaum Sinn. Darauf weist der Staatspräsident hin. Der Präsident hat sich rasch eine Macht zur Entlassung des Premier angeeignet, die ihm die Verfassung nicht einräumt (bis zum heutigen Tage ist Jacques Chirac der einzige Premier, der 1976 auf eigene Initiative zurückgetreten ist, ohne dass sein Amt durch allgemeine Wahlen für das Amt des Präsidenten oder zur Wahl der Nationalversammlung unterbrochen gewesen ist).[258] Beispielsweise wurde 1972 der Regierungschef Chaban-Delmas vom Präsidenten Pompidou eingeladen zurückzutreten, weil der Staatschef zusätzlich zu seinen Bedenken bezüglich der Thematik der sogenannten „neuen Gesellschaft" seines Premiers auch noch mit ihm in höflicher Meinungsverschiedenheit über die Natur der Gewaltengewichtung zwischen den zwei Köpfen der Exekutive stand.[259] Einige Präsidenten haben „ihren" Premier sogar beim Amtsantritt schon einen Blanko-Rücktrittsgesuch unterschreiben lassen.[260] Es werden im Falle einer traditionellen Situation insbesondere die Artikel 5 (Präsident als Schiedsrichter), 20 und 21

---

255 S. ibid.

256 S. ibid.

257 S. S. 14.

258 S. *Esplugas-Labatut, Pierre,* in: Caporal-Gréco, Stéphane/Esplugas-Labatut, Pierre/Ségur, Philippe/Torcol, Sylvie, Droit constitutionnel [Verfassungsrecht], 2017, S. 238.

259 S. *Gouvernement,* Jacques Chaban-Delmas, o.A., abrufbar unter: https://www.gouvernement.fr/jacques-chaban-delmas, (Stand: 18.06.2018).

260 S. *Esplugas-Labatut, Pierre,* in: Caporal-Gréco, Stéphane/Esplugas-Labatut, Pierre/Ségur, Philippe/Torcol, Sylvie, Droit constitutionnel [Verfassungsrecht], 2017, S. 238.

(Regierung als über die nationale Politik entscheidende Instanz) frz. Verfassung „unbestraft" verletzt, ohne dass der Verfassungsrat dagegen Widerstand leisten kann.[261] So ist es der Präsident, der als wirklichen Chef der Regierung erscheint, das Kabinett unterstützt ihn mehr, als es von ihm unabhängig ist.[262] Die Politik Frankreichs wird weder im Hôtel Matignon, noch sogar im Bourbon Palast (dem Sitz der Nationalversammlung) entschieden, sondern im Élysée-Palast – dies wird auch als ein vom Staatspräsidenten ausgeübter Machtmissbrauch betrachtet.[263] Es ist für die präsidiale Variante symptomatisch, dass Präsident Macron am Tag vor der Regierungserklärung zur allgemeinen Politik vom Regierungschef Philippe eine Grundsatzrede vor beiden als Kongress versammelten Kammern des Parlaments gehalten hat.[264] Gleichermaßen hat Präsident Macron angekündigt, jedes Jahr eine Rede vor dem Kongress halten zu wollen.[265] Diese Rede kann mit der präsidialen „Rede zur Lage der Uni-

---

261 S. ibid., S. 180.

262 S. *Ardant, Philippe/Mathieu, Bertrand,* Droit constitutionnel et institutions politiques [Verfassungsrecht und politische Institutionen], 29. Aufl., 2017, Rn. 987.

263 S. *Esplugas-Labatut, Pierre,* in: Caporal-Gréco, Stéphane/Esplugas-Labatut, Pierre/Ségur, Philippe/Torcol, Sylvie, Droit constitutionnel [Verfassungsrecht], 2017, S. 324.

264 S. aktueller frz. Präsident *Macron, Emmanuel,* Discours du Président de la République devant le Parlement réuni en Congrès [Rede des Präsidenten der Republik vor den als Kongress versammelten Parlament], 2017, abrufbar unter: http://www.elysee.fr/declarations/article/discours-du-president-de-la-republique-devant-le-parlement-reuni-en-congres/ (Stand: 18.06.2018) i.V.m. *Philippe, Édouard,* Déclaration de politique générale du Premier ministre Édouard Philippe [Regierungserklärung zur allgemeinen Politik des Premierministers Édouard Philippe], 2017, abrufbar unter: http://www.gouvernement.fr/partage/9296-declaration-de-politique-generale-du-premier-ministre-edouard-philippe (Stand: 18.06.2018); *Alemagna, Lilian/Bretton, Laure,* Avec son Congrès, Macron court-circuite Matignon [Mit seinem Kongress schließt Macron Matignon – Sitz des Regierungschefs – kurz], 2017, abrufbar unter: http://www.liberation.fr/france/2017/06/28/avec-son-congres-macron-court-circuite-matignon_1580307 (Stand: 18.06.2018).

265 S. seine Rede „Discours du Président de la République devant le Parlement réuni en Congrès" [Rede des Präsidenten der Republik vor den als Kon-

on" der Vereinigten Staaten von Amerika verglichen werden und insofern als ein zusätzliches Zeichen ausgewertet werden, wie sehr er die traditionelle Situation während seiner Amtszeit auszunutzen beabsichtigt. Die durch die Regierung geführte Politik soll in parlamentarischen Regimen mithilfe des Sturzes der Regierung sofort zu einem Ende gebracht werden können. Doch ist dies in Frankreich nur bedingt möglich. Die Nationalversammlung entzieht der Regierung das Vertrauen durch die Annahme eines Misstrauensantrags (s. Artikel 49 Absatz 2 Satz 1 frz. Verfassung). Wenn die Nationalversammlung einen Misstrauensantrag annimmt, hat der Premierminister dem Präsidenten gemäß Artikel 50 frz. Verfassung den Rücktritt der Regierung einzureichen. Der Senat genießt dieses Recht nicht; wird also „das Parlament" aufgelöst, so wird in Frankreich im Gegenzug auch nur die Nationalversammlung aufgelöst. Das Vertrauen der Regierung wird oft in Frage gestellt (insgesamt über 200 Mal) und 1962 wurde die erste Regierung Pompidou von der Nationalversammlung gestürzt (1992 fehlten nur 3 Stimmen von 577, um die Regierung Bérégovoy zu stürzen).[266] 1962 beschloss Präsident De Gaulle, die Nationalversammlung aufzulösen und nach seinem Wahlsieg Georges Pompidou erneut zum Premierminister zu ernennen.[267] Sonach scheiterte die Nationalversammlung

---

gress versammelten Parlament], 2017, abrufbar unter: http://www.elysee.fr/declarations/article/discours-du-president-de-la-republique-devant-le-parlement-reuni-en-congres/ (Stand: 18.06.2018).

266 S. *Assemblée Nationale,* Engagements de responsabilité du Gouvernement sur son programme ou sur une déclaration de politique générale depuis 1958 [Einsatz seit 1958 der Regierungsverantwortung auf ihr Programm oder auf eine Erklärung über ihre allgemeine Politik], 2017, abrufbar unter: http://www.assemblee-nationale.fr/connaissance/engagements-49-1.asp (Stand: 18.06.2018); *Id.,* Motions de censure depuis 1958 [Misstrauensvota seit 1958], 2015, abrufbar unter: http://www.assemblee-nationale.fr/connaissance/engagements-49-2.asp (Stand: 18.06.2018); *Id.,* Engagements de responsabilité du Gouvernement et motions de censure depuis 1958 [Einsatz der Regierungsverantwortung und Misstrauensvota seit 1958], 2016, abrufbar unter: http://www.assemblee-nationale.fr/connaissance/engagements-49-3.asp (Stand: 18.06.2018).

267 S. *Boudet, Alexandre,* Motion de censure : Georges Pompidou, le seul Premier ministre renversé [Misstrauensvotum: Georges Pompidou als einziger

bis dato darin, einen fundamentalen Kurswechsel zu bewirken. Die fehlende politische Verantwortlichkeit des Präsidenten ist insofern problematisch, als dass er in der Praxis kein Schiedsrichter ist wie in der Verfassung vorgesehen, sondern politische Verantwortlichkeiten ausübt.[268] In der französischen Praxis wird im Falle von sehr schlechten Umfragewerten oft der Premier gewechselt,[269] aber der Verantwortliche kann weiteren politischen Schaden seiner Partei zufügen[270]. Diese Situation wird keinesfalls in Frankreich ohne Weiteres hingenommen und bleibt etwa ein Wahlkampfthema. Der 2017 bei der ersten Präsidentenwahlrunde 4,43 Prozentpunkte gegenüber den späteren Gewinner Macron und sogar nur 1,72 Prozentpunkte von der zweiten Runde entfernten Kandidat Mélenchon hatte etwa als eins der vorgeschlagenen neuen Regeln der Sechsten Republik das „widerrufende Referendum" angekündigt.[271] Demnach solle jeder Gewählte – nicht zuletzt der Staatspräsident – jederzeit abgewählt werden dürfen auf begründete Anfrage einer bestimmten

Premierminister, der gestürzt wurde], 2015, abrufbar unter: https://www.huffingtonpost.fr/2015/02/19/motion-de-censure-georges-pompidou-seul-premier-ministre-renverser_n_6706602.html (Stand: 18.06.2018).

268 S. *Esplugas-Labatut, Pierre,* in: Caporal-Gréco, Stéphane/Esplugas-Labatut, Pierre/Ségur, Philippe/Torcol, Sylvie, Droit constitutionnel [Verfassungsrecht], 2017, S. 228.

269 Cf. S. 77.

270 Die damals regierende sozialistische Partei Frankreichs hat etwa nach dem Mandat des Präsidenten François Hollande (2012-2017) unter anderem fast 90 % seiner Sitze in der Nationalversammlung verloren und ihre alliierten Grünen haben alle ihre Sitze verloren s. *Ministère de l'Intérieur,* Résultats des élections législatives 2012 [Ergebnisse der legislativen Wahlen 2012], 2012, abrufbar unter: https://www.interieur.gouv.fr/Elections/Les-resultats/Legislatives/elecresult__LG2012/(path)/LG2012/FE.html (Stand: 18.06.2018) i.V.m. *Ministère de l'Intérieur,* Résultats des élections législatives 2017 [Ergebnisse der legislativen Wahlen 2017], 2017, abrufbar unter: https://www.interieur.gouv.fr/Elections/Les-resultats/Legislatives/elecresult__legislatives-2017/(path)/legislatives-2017/FE.html (Stand: 18.06.2018).

271 S. S. 100.

Prozentzahl (5 bis 15 %) der Stimmberechtigten.[272] Zudem wird der Fünften Republik immer noch vorgeworfen, dass sie nicht demokratisch genug sei, für General De Gaulle maßgeschneidert war und ein autoritäres, ja sogar diktatorisches Regime vorbereiten würde.[273] Regelmäßig wird kritisiert, dass es unter der Fünften Republik sogar ein „monarchistisches Abdriften" der Institutionen gibt, das heißt, dass sich der Staatspräsident zu gewissen Zeiten als einen „republikanischen Monarchen" nach der bewusst gegensätzlichen Bezeichnung darstellt.[274] Beim aktuellen Präsidenten ist der Vergleich rasch gezogen. Viele Symbole weisen in diese Richtung hin, wie etwa sein „theatralischer Hingang" zum Louvre am Abend seines Wahlsieges, die Benutzung des Schlosses von Versailles für wichtige Empfänge bezüglich der Innen- (Chefs von multinationalen Unternehmen) und Außenpolitik (Präsident Putin) oder sein Beinamen „Jupiter" unter seinen Mitarbeitern.[275] Die Bezeichnung „Monarchistische Republik in Frankreich"[276] ist an sich ein Oxymoron. Einerseits herrscht ein Monarch grundsätzlich auf Lebenszeit, wobei der französische Präsident an Mandaten gebunden ist, die sich nicht einmal pausenlos aneinander reihen können. Andererseits heißt Monarch zu sein

---

272 S. *Corlay, Antoine,* Comment s'appliquerait le référendum révocatoire de Jean-Luc Mélenchon ? [Wie würde Jean-Luc Mélenchons widerrufende Referendum angewandt werden?], 2017, abrufbar unter: http://www.lemonde.fr/election-presidentielle-2017/article/2017/04/21/comment-s-appliquerait-le-referendum-revocatoire-de-jean-luc-melenchon_5115264_4854003.html (Stand: 18.06.2018).

273 S. *Esplugas-Labatut, Pierre,* in: Caporal-Gréco, Stéphane/Esplugas-Labatut, Pierre/Ségur, Philippe/Torcol, Sylvie, Droit constitutionnel [Verfassungsrecht], 2017, S. 323.

274 S. ibid., S. 324.

275 S. Die Ausgabe vom 7. Mai 2018 (dem Jahrestag der Wahl von Emmanuel Macron zum Staatspräsidenten) der Regionalzeitung *Le Républicain Lorrain,* Un exercice monarchique du pouvoir [Eine monarchistische Ausübung der Macht], S. 10.

276 S. *Dauteribes, André,* Le Premier ministre, Le Premier ministre en France et en Grande-Bretagne. [Der Premierminister, Der Premierminister in Frankreich und in Großbritannien.], in: Verpeaux (Hrsg.), Les annales du droit 2017, Droit constitutionnel [Die Annalen des Rechts 2017, Verfassungsrecht], 2016, S. 162, 166.

nicht *per se*, viel Macht zu besitzen. Es ist im Gegenteil wahr, dass die heutigen Monarchen fast ausnahmslos keine wirkliche Macht besitzen, sondern vor allem nur repräsentativen Zwecken dienen. *Cum grano salis* wird aus genau diesen Gründen der deutsche Präsident manchmal als „demokratischer Monarch" beschrieben.[277] François Mitterrand veröffentlichte 1964 das berühmt gewordene Pamphlet „Le coup d'État permanent [Der ständige Staatsstreich]", indem er die Institutionen der Fünften Republik insgesamt heftig kritisierte und ihre Beseitigung befürwortete,[278] sobald die Macht ergriffen werden konnte.[279] Als er aber selbst 1981 Präsident wurde, hat er ohne jede Schwierigkeit die Kleider des Staatspräsidenten der Fünften Republik übernommen.[280] Im Jahre seines Amtsantritts erklärte er: „Die von der Regierung vorbereitete Politik verpflichtet mich in erster Linie: Ich bin der erste Verantwortliche für die französische Politik".[281] Zu diesem Zweck stellen sich der ernannte Premier und seine Regierung dann in den Dienst der Politik des Präsidenten und benutzen sie die Gesamtheit der Mittel, die ihnen die Verfassung zur Verfügung stellt, um den Prozess der Annahme der Gesetze auszurichten und zu meistern, indem ihnen bei dieser Aufgabe von einer fügsamen parlamentarischen Mehrheit geholfen wird.[282] Die Aussage als Widerspiegelung der Präsidentenrolle, wie

---

277 S. *Morlok, Martin/Michael, Lothar*, Staatsorganisationsrecht, 3. Aufl., 2017, Rn. 866.

278 1958 hatte er sich schon während des Wahlkampfes gegen die Fünfte Republik ausgesprochen, s. *Berstein, Serge*, L'opposant [Der Opponent], o.A., abrufbar unter: http://fresques.ina.fr/mitterrand/parcours/0009/l-opposant.html (Stand: 18.06.2018).

279 S. *Esplugas-Labatut, Pierre*, in: Caporal-Gréco, Stéphane/Esplugas-Labatut, Pierre/Ségur, Philippe/Torcol, Sylvie, Droit constitutionnel [Verfassungsrecht], 2017, S. 323.

280 S. ibid.

281 Zit. durch *Rouvillois, Frédéric*, in: Droit constitutionnel 2, La Ve République [Verfassungsrecht 2, Die Fünfte Republik], 5. Aufl., 2016, S. 175.

282 S. *Geslot, Christophe*, L'équilibre des pouvoirs, L'équilibre des pouvoirs sous la Ve République. [Das Gleichgewicht der Mächte, Das Gleichgewicht der Mächte unter der Fünften Republik.], in: Verpeaux (Hrsg.), Les annales du droit 2017, Droit constitutionnel [Die Annalen des Rechts 2017, Verfassungsrecht], 2016, S. 190, 194.

alle Inhaber sie *bis dato* verstanden haben, steht im Gegensatz zur Ablehnung der Präsidenten seit De Gaulle, ihr Amt nach verlorenen Wahlen niederzulegen.

bb) Das „reservierte Fachgebiet" des Präsidenten

Es werden einige Fachgebiete der nationalen Politik (insbesondere die Sicherheits- und Außenpolitik) als sogenanntes „reserviertes Gebiet" bezeichnet, auf denen durch anerkannten Brauch die besondere Kompetenz des Staatspräsidenten ausgeübt wird.[283] Dieser Ausdruck wurde vom damaligen Präsidenten der Nationalversammlung Chaban-Delmas 1959 erfunden.[284] Auf dem Gebiet der Sicherheitspolitik erteilt die Verfassung dem Präsidenten der Republik eine vorrangige Rolle, da er gemäß Artikel 5 Absatz 2 frz. Verfassung der Garant der nationalen Unabhängigkeit und der Unversehrtheit des Staatsgebietes ist sowie gemäß Artikel 15 frz. Verfassung Oberbefehlshaber der Streitkräfte. Auf der internationalen Bühne verhandelt und ratifiziert der Präsident die Verträge (s. Artikel 52 Absatz 1 frz. Verfassung). Vor allem die Praxis hat aber aus dem Staatschef einen Schüsselakteur der französischen Außenpolitik gemacht; so kommt der Präsident unmittelbar in Kontakt zu ausländischen Staatschefs und sichert die Vertretung Frankreichs auf der internationalen Bühne (etwa im Rahmen des G7).[285] Und wenn der Premierminister selbstverständlich offizielle Reisen durchführen und das Wort im Namen Frankreichs ergreifen kann, geschieht es immer in einem mit dem Präsidenten der Republik in gemeinsamem Einverständnis festgesetzten Rahmen.[286] Daneben wird ein vom Staatschef vernachlässigtes Gebiet festgestellt, das aus Fragen besteht, wofür er nicht unmittelbar sorgt und sie der Politik

---

283 S. *Direction de l'information légale et administrative*. Qu'est-ce que le domaine réservé ? [Was ist das reservierte Fachgebiet?], 2018, abrufbar unter: http://www.vie-publique.fr/decouverte-institutions/institutions/approfondissements/qu-est-ce-que-domaine-reserve.html (Stand: 18.06.2018).

284 S. ibid.

285 S. ibid.

286 S. ibid.

der Regierung überlässt. Zwischen den beiden Gebieten wird ein überwachtes Gebiet sichtbar, das aus Sachfragen besteht, denen wegen des Alltags für den Präsidenten eine besondere Bedeutung zukommt.[287] Dieses „reservierte Fachgebiet" mit ausdehnbarem Umfang deckt wenigstens insbesondere die internationalen Beziehungen und die Sicherheitspolitik und wurde je nach Präsident auf Algerien, auf Afrika, auf die Institutionen, auf die Kultur, auf den Städtebau und auf die großen Bauprojekte erweitert.[288] Gerade Jacques Chaban-Delmas musste als Premier von Präsidenten Georges Pompidou von 1969 bis zu seinem forcierten Rücktritt 1972[289] persönlich erfahren, dass die vorrangige Rolle des Staatschefs erweitert wurde, da Präsident Pompidou ein leidenschaftliches Interesse für Wirtschafts-, Industrie- und Kulturpolitik zeigte.[290] Drei Jahre nach seinem Rücktritt wird Chaban-Delmas sagen, dass es tatsächlich kein Fachgebiet gibt, das für den Staatschef reserviert wäre, weil sie im Grunde alle ihm gehören.[291] Vergleichbar wird der damals amtierende Premier Mauroy es 1982 formulieren; es gibt naturgemäß keine für immer festgesetzte Grenze zwischen den Tätigkeiten des Präsidenten und denjenigen des Premiers, weil das Staatsoberhaupt eine Autorität auf die Gesamtheit der Probleme der Nation besitzt.[292] Somit funktioniert das reservierte Fachgebiet nur in eine Richtung, um den Premier zu verbieten, auf dem Handlungsfeld des

[287] S. *Faure, Bertrand,* Le président de la République, L'ambiguïté du rôle du chef de l'État sous la Ve République. [Der Präsident der Republik, Die Mehrdeutigkeit der Rolle des Staatschefs unter der Fünften Republik.], in: Verpeaux (Hrsg.), Les annales du droit 2017, Droit constitutionnel [Die Annalen des Rechts 2017, Verfassungsrecht], 2016, S. 154, 161.

[288] S. *Esplugas-Labatut, Pierre,* in: Caporal-Gréco, Stéphane/Esplugas-Labatut, Pierre/Ségur, Philippe/Torcol, Sylvie, Droit constitutionnel [Verfassungsrecht], 2017, S. 238.

[289] S. S. 69.

[290] S. *Gouvernement,* Jacques Chaban-Delmas, o.A., abrufbar unter: https://www.gouvernement.fr/jacques-chaban-delmas, (Stand: 18.06.2018).

[291] S. *Chaban-Delmas, Jacques,* L'ardeur [Der Eifer], 1975, S. 255 f.

[292] Zitiert durch *Chagnollaud, Dominique/Quermonne, Jean-Louis,* La Ve République, Tome 1: Le pouvoir exécutif et l'administration [Die Fünfte Republik, Band 1: Die exekutive Macht und die Verwaltung], 2000, S. 68.

Präsidenten einzugreifen, ohne zudem den Präsidenten daran zu hindern, dieses Gebiet nach eigenem Gutdünken und angesichts der Umstände zu erweitern.[293] Während Kohabitationszeiten ist das „reservierte Fachgebiet“ im engeren Sinne (Sicherheits- und Außenpolitik) allerdings ein Gebiet, bei dem der Präsident zwar noch teilweise eingreifen kann, da der Premier ihn daran nicht komplett hindern kann,[294] aber aus dem der Staatschef nicht mehr heraus kann, und das nicht mehr geschützt ist: Kurz gesagt, handelt es sich dann um ein umkämpftes und nicht mehr reserviertes Fachgebiet.[295]

c) Rechte und Pflichten des Regierungschefs gegenüber dem Präsidenten

Der Premierminister erscheint im Rahmen der traditionell gewordenen Situation nicht nur vor der Nationalversammlung, sondern auch vor dem Präsidenten verantwortlich.[296] Im Falle einer Krise oder einer politischen Schwierigkeit gilt der Premier als „Sicherung“, das heißt, dass er die Unbeliebtheit der verfolgten Politik auf sich nimmt und unter diesen Bedingungen zurücktritt.[297] Nur ein

---

293 S. *Rouvillois, Frédéric,* Droit constitutionnel 2, La Ve République [Verfassungsrecht 2, Die Fünfte Republik], 5. Aufl., 2016, S. 392 f.

294 Cf. *Bigaut, Christian,* in: La cohabitation dans la vie politique française, Questions à Christian Bigaut, 2002, abrufbar unter: http://www.ladocumentationfrancaise.fr/dossiers/d000132-la-cohabitation-dans-la-vie-politique-francaise/questions-a-christian-bigaut# (Stand: 18.06.2018).

295 S. *Rouvillois, Frédéric,* Droit constitutionnel 2, La Ve République [Verfassungsrecht 2, Die Fünfte Republik], 5. Aufl., 2016, S. 209.

296 S. *Levade, Anne,* Le président de la République, Faut-il renoncer à l'élection au suffrage universel direct du président de la République ? [Der Präsident der Republik, Muss man an einer allgemeinen Direktwahl des Präsidenten der Republik verzichten?], in: Verpeaux (Hrsg.), Les annales du droit 2017, Droit constitutionnel [Die Annalen des Rechts 2017, Verfassungsrecht], 2016, S. 104, 111.

297 S. *Massot, Jean,* Quelle place la Constitution de 1958 accorde-t-elle au Président de la République ? [Welchen Platz räumt die Verfassung von 1958 dem Präsidenten der Republik ein?], 2014, abrufbar unter: http://www.conseil-constitutionnel.fr/conseil-constitutionnel/francais/la-constitution/la-constitution-de-1958-en-20-questions/quelle-place-la-constitution-de-1958-accorde-

bisschen überspitzt formuliert kann man sagen, dass der Premierminister im Falle der präsidialen Variante lediglich der verfassungsrechtlich geplante wichtigste Mitarbeiter des über alles entscheidungstragenden Präsidenten ist.[298] Demgemäß werden dem Präsidenten manchmal cäsaristische Züge vorgeworfen.[299] Was die Regierungsbildung betrifft, hat der Premierminister dem Präsidenten oft die Personen von dessen Wahl vorzuschlagen.[300] Regelmäßig übergeht der Präsident den Premier, wenn es darum geht, Regierungsmitgliedern Weisungen zu erteilen.[301] Die Beratung des Premiermi-

---

t-elle-au-president-de-la-republique.17355.html (Stand: 18.06.2018); *Esplugas-Labatut, Pierre,* in: Caporal-Gréco, Stéphane/Esplugas-Labatut, Pierre/Ségur, Philippe/Torcol, Sylvie, Droit constitutionnel [Verfassungsrecht], 2017, S. 244.

298 Präsident Sarkozy nannte öffentlich den Premierminister, den er genannt hatte, „einen Mitarbeiter" – s. *Le Figaro,* Pour le chef de l'État, Fillon est un „collaborateur" [Für den Staatschef ist Premier Fillon ein „Mitarbeiter"], 2007, abrufbar unter: http://www.lefigaro.fr/politique/2007/08/23/01002-20070823ARTFIG90230-pour_le_chef_de_l_etat_fillon_est_un_collaborateur.php (Stand: 18.06.2018).

299 S. z.B. die Kritik des Bürgermeisters von Dijon und damals zugleich Nr. 2 der oppositionsführenden sozialistischen Partei PS *Rebsamen, François* gegenüber dem amtierenden Präsidenten Sarkozy, Retour au césarisme, par François Rebsamen [Zurück zum Cäsarismus, durch François Rebsamen], 2008, abrufbar unter: http://www.lemonde.fr/idees/article/2008/02/04/retour-au-cesarisme-par-francois-rebsamen_1007121_3232.html (Stand: 18.06.2018) und die des Senators und Präsident der oppositionsführenden republikanischen Partei LR im Senat *Retailleau, Bruno* gegenüber dem amtierenden Präsidenten Macron, Bruno Retailleau accuse Emmanuel Macron d'être „égocentrique" [Bruno Retailleau beschuldigt Emmanuel Macron „egozentrisch" zu sein], 2018, abrufbar unter: http://www.bfmtv.com/politique/bruno-retailleau-accuse-emmanuel-macron-d-etre-egocentrique-1420986.html (Stand: 18.06.2018).

300 S. *Belaich, Charlotte,* Ces phrases qui montrent l'impuissance des Premiers ministres [Diese Äußerungen, die die Ohnmacht der Premierminister zeigen], 2017, abrufbar unter: http://www.liberation.fr/france/2017/07/04/ces-phrases-qui-montrent-l-impuissance-des-premiers-ministres_1581490 (Stand: 18.06.2018).

301 S. z.B. dem berühmten Satz von Präsident Chirac bezüglich dem damaligen Innenminister Sarkozy „Ich entscheide, er führt aus.", s. *INA [Institut National de l'Audiovisuel; Nationales Rundfunk- und Fernseharchiv],* Jacques Chirac

nisters kann sogar lediglich nachträgliche Information bedeuten.[302] Viele Befugnisse des Präsidenten bedürfen eigentlich zu ihrer Ausübung der Gegenzeichnung des Premiers und gegebenenfalls der verantwortlichen Minister (s. Artikel 19 frz. Verfassung); im präsidialen System stellt dies aber nur eine Formsache dar.[303] Präsident Sarkozy hatte sogar ein Kabinett im Kabinett gebildet – unter den gewählten Mitgliedern befand sich der Premier nicht.[304] Der Präsident kann sich vorbehalten, populäre Angelegenheiten zu tun oder zu verkünden, währenddessen der Premier die unpopulären Angelegenheiten übernimmt. Aber auch wenn der Premier dem Präsidenten gegenüber sehr willig ist, ist er doch eine andere Person, die kontaktiert und gefragt werden muss. Die Vergangenheit, wie präsidentenfreundlich sie auch war, ist niemals eine Garantie für die Zukunft, dass der Premier irgendwann, aus irgendeinem Grunde nicht mehr in derselben Art mitarbeiten will. Insbesondere für außerordentliche Entscheidungen (zum Beispiel für den Einsatz der Streitkräfte in einem neuen Land ohne VN-Mandat) kann der Präsident sich niemals dessen sicher sein, dass der Premier rückhaltlos alles tun wird, welches der Präsident insofern nicht selber entscheiden darf, als dass es Prärogativen des Regierungschefs sind. In der Praxis konnte der Präsident bis heute vom Premier den Rücktritt fordern, aber verfassungsrechtlich dürfte er es nicht durchsetzen.

„Je décide, il exécute" [Präsident Jacques Chirac: „Ich entscheide, er führt aus"], 2004, abrufbar unter: http://www.ina.fr/video/I12107928 (Stand: 18.06.2018).

302 So etwa De Gaulle gegenüber einem hohen Beamten am 10. Juli 1968: „Allez dire à Monsieur le Premier ministre qu'il a été consulté." [Gehen Sie zum Premier und melden Sie ihm, dass er um Rat gefragt wurde.], s. *Gaillard, Barthélémy,* Le couple exécutif, pour le meilleur et pour le pire [Für das Paar der Exekutive gilt: für die guten und schlechten Tage zusammen], 2014, abrufbar unter: http://www.europe1.fr/politique/le-couple-executif-pour-le-meilleur-et-pour-le-pire-1933481 (Stand: 18.06.2018).

303 S. *Mouzet, Pierre,* Le président de la République, Le pouvoir présidentiel. [Der Präsident der Republik, Die präsidiale Macht.], in: Verpeaux (Hrsg.), Les annales du droit 2017, Droit constitutionnel [Die Annalen des Rechts 2017, Verfassungsrecht], 2016, S. 141, 143.

304 S. *Chantebout, Bernard,* Droit constitutionnel, à jour août 2015 [Verfassungsrecht, Stand: August 2015], 32. Aufl., 2015, S. 482.

Ähnlich einer Amtsenthebung kann der Präsident nicht buchstäblich ständig den Premier wechseln (schon vorausgesetzt, dass dieser auch der Rücktrittsforderung stattgibt). Denn mit dem Wechsel wird auch stets die gesamte Regierung gestürzt. Frankreich würde chronisch regierungsunfähig werden durch eine solche Haltung. Würde der Präsident dies trotzdem tun, so dürfte ein Premier sich zu Recht weigern beziehungsweise gewichtige Argumente fordern. Sollten die Premierminister doch stets zurücktreten, wenn der Präsident es fordert, so wären die Voraussetzungen für eine Amtsenthebung des Präsidenten insofern gegeben, als er Frankreich bewusst handlungsunfähig macht. Infolgedessen stärkt sich die Position des Premierministers proportional zu der Anzahl seiner Vorgänger unter demselben Mandat des amtierenden Präsidenten; es wird immer schwieriger für den Präsidenten, auch vom aktuellen Premier den Rücktritt zu fordern.

2) Im Falle einer Kohabitation

a) Von der Verfassung eingeräumter Spielraum für den Präsidenten

Von der Verfassung wird eine zweiköpfige Exekutive vorgesehen; die Verfassung schafft keine Unterordnung, weder zwischen dem Präsidenten und dem Premier noch zwischen ihren Handlungen.[305] Für die Verfassungsänderung 2008 war sonach überlegt worden, in der Verfassung selbst zu präzisieren, dass die Regierung lediglich die vom Präsidenten entschiedene Politik auszuführen hat.[306] Doch

---

[305] S. *Faure, Bertrand,* Le président de la République, L'ambiguïté du rôle du chef de l'État sous la Ve République. [Der Präsident der Republik, Die Mehrdeutigkeit der Rolle des Staatschefs unter der Fünften Republik.], in: Verpeaux (Hrsg.), Les annales du droit 2017, Droit constitutionnel [Die Annalen des Rechts 2017, Verfassungsrecht], 2016, S. 154, 157.

[306] S. *Balladur, Edouard (unter seinem Vorsitz),* Une Ve République plus démocratique [Eine demokratischere Fünfte Republik], Comité de réflexion et de proposition sur la modernisation et le rééquilibrage des institutions de la Ve République [Reflexions- und Vorschlagskomitee für eine Moderni-

wurde dies mit Blick auf zukünftig immer noch mögliche Kohabitationen nicht umgesetzt.[307] Im gleichen Sinne bleibt es im Verfassungstext unklar, wer das letzte Wort im Militärbereich hat. Der Premier ist gemäß Artikel 21 Absatz 1 Satz 2 frz. Verfassung für die Landesverteidigung verantwortlich. Es ist aber der Präsident, der gemäß Artikel 5 Absatz 2 frz. Verfassung Garant der nationalen Unabhängigkeit und der Unversehrtheit des Staatsgebietes ist. Zudem ist der Präsident der Oberbefehlshaber der Streitkräfte und führt den Vorsitz in den obersten Räten und Ausschüssen für die Landesverteidigung (s. Artikel 15 frz. Verfassung). Der Premier vertritt gegebenenfalls den Präsidenten gemäß Artikel 21 Absatz 3 frz. Verfassung im Vorsitz. Der Verfassungsrat hat, ohne viel Klarheit zu bringen, entschieden, dass die Regierung unter der Autorität des Staatspräsidenten über den Einsatz der Streitkräfte entscheidet.[308] In der Praxis wird heute der Präsident als dem Premier übergeordnet gesehen – auch während einer Kohabitation.[309] Doch könnten andere Interpretationen später verteidigt werden – insbesondere ein Kohabitationspremier könnte diese Praxis zu seinen Gunsten ändern wollen. Es war insofern gemäß Artikel 8 des Entwurfes eines Verfassungsgesetzes zur Modernisierung der Institutionen der Fünften Republik vom 23. April 2008 ursprünglich geplant, den Verfassungstext im Einklang mit der heute allgemein geltenden Meinung zu ändern, also dass der Premier Entscheidungen des Präsidenten gemäß Artikel 15 der Verfassung umzusetzen hat. Die vorgeschlagene Änderung wurde aber nicht beibehalten, was bemerkenswert

---

sierung und ein besseres Gleichgewicht der Institutionen der Fünften Republik], 2007, Anhang 3, erste zwei Vorschläge.

307 S. *Haquet, Arnaud,* Droit constitutionnel en 11 thèmes, Avec exemples détaillés [Verfassungsrecht in 11 Themen, Mit detaillierten Beispielen], 2017, S. 276.

308 S. Conseil constitutionnel [Verfassungsrat], Nr. 2014-432 QPC [Question prioritaire de constitutionnalité; Vorrangige Frage zur Verfassungsmäßigkeit], 28. November 2014.

309 S. *Favoreu, Louis/Gaïa, Patrick/Ghevontian, Richard/Mestre, Jean-Louis/Pfersmann, Otto/Roux, André/Scoffoni, Guy,* Droit constitutionnel [Verfassungsrecht], 20. Aufl., 2017, Rn. 1005.

ist.[310] Zudem wäre denkbar gewesen, die Kompetenzlücke des Verfassungsrates bezüglich des genauen Verhältnisses zwischen Staatspräsidenten und Premierminister zu schließen. Doch dies geschah ebenfalls nicht. Momentan wird eine durch Präsidenten Macron gewollte neue Verfassungsänderung vorbereitet –[311] mit zumindest prinzipiell sehr guten Erfolgsaussichten[312]. Somit sind die idealen Voraussetzungen an sich gegeben, um auch andere Sachen, an die anfangs nicht gedacht war, gleichzeitig verfassungsrechtlich zu regeln – so zum Beispiel die aufgetretenen Wünsche der Korsen[313].

310 S. *Saint-James, Virginie*, Droit constitutionnel, En fiches pratiques [Verfassungsrecht, Anhand praktischer Arbeitsblätter], 5. Aufl., 2014, S. 214.

311 S. *Gouvernement*, Projet de loi constitutionnelle : « pour une démocratie plus représentative, responsable et efficace » [Verfassungsgesetzentwurf: „für eine mehr repräsentative, verantwortliche und wirksame Demokratie"], 2018, abrufbar unter: https://www.gouvernement.fr/action/projet-de-loi-constitutionnelle-pour-une-democratie-plus-representative-responsable-et (Stand: 18.06.2018).

312 Der der Opposition angehörige Senatspräsident nimmt nämlich aktiv und ernsthaft an Verhandlungen teil, s. z.B. seinen Tweet vom 30. März 2018, abrufbar unter: https://twitter.com/gerard_larcher/status/979679514371526656 (Stand: 18.06.2018): „Réunion utile auj sur la réforme constitutionnelle avec @EmmanuelMacron @EPhilippePM @FdeRugy. Des avancées significatives mais aucun accord sur la réduction de 30 % du nombre de parlementaires. Le point reste en discussion. Je réunirai le groupe de travail du Sénat mardi. [Heute eine nützliche Besprechung über die Verfassungsreform gehabt, mit Staatspräsidenten Macron, Premierminister Philippe und dem Präsidenten der Nationalversammlung de Rugy. Wir sind gut voran gekommen, jedoch haben wir uns über die Reduzierung um 30 % der Zahl der Parlamentarier nicht geeinigt. Über diesen Punkt wird noch diskutiert. Ich werde am kommenden Dienstag die Arbeitsgruppe des Senats zusammenrufen.]".

313 S. *Corse-Matin*, La Corse dans la Constitution, des enjeux concrets dit le président Talamoni [Korsika in der Verfassung, Konkretes auf dem Spiel, sagt der Präsident der korsichen Regionalversammlung Talamoni], 2018, abrufbar unter: https://www.corsematin.com/article/article/la-corse-dans-la-constitution-des-enjeux-concrets-dit-le-president-talamoni (Stand: 18.06.2018), zu einem geringen Teil hat der Präsident sein Einverständnis gegeben – s. seine Rede auf Korsika im Februar 2018 „Trancription du discours du Président de la République Emmanuel Macron en Corse à Bastia [Aufzeichnung der Rede von Staatspräsidenten Emmanuel Marcon

Aber die aktuelle Regierungspraxis zugunsten des Präsidenten – zurzeit gilt in Frankreich auf sogar eklatanter Weise wieder das präsidiale Regime –[314] nun endlich auch im Verfassungstext festzuhalten, wird in der öffentlichen Verfassungsänderungsdebatte gegenüber 2008 nicht einmal mehr erwähnt. Dies legt die Vermutung nahe, dass nun auch die Regierenden die Kohabitation nicht mehr negativ betrachten oder sich zumindest mit dieser abgefunden haben. Angesichts der Beliebtheit der Kohabitation bei der Bevölkerung[315] würde sie das Abschaffen dieser Flexibilität im Verfassungstext[316] höchstwahrscheinlich auch nicht unterstützen. Hierauf könnte ein ambitionierter Premier während einer Kohabitation hinweisen, um seinen Einfluss noch ein bisschen mehr zu erhöhen. Somit ist der verfassungsrechtliche Spielraum des Präsidenten im Rahmen einer Kohabitation recht eingegrenzt.

---

in Bastia, Korsika]", abrufbar unter: http://www.elysee.fr/declarations/article/transcription-du-discours-du-president-de-la-republique-emmanuel-macron-en-corse-a-bastia/ (Stand: 18.06.2018) –, mit anderen Worten wird die Verfassung wahrscheinlich mehr geändert werden, als ursprünglich gewollt und geplant.

314 S. S. 70 f.

315 S. Fn. 135.

316 Cf. in Senegal, wo die Opposition wegen ausdrücklicher Regelungen in der Verfassung, dass die Regierung nur die entschiedene Politik des Präsidenten umsetzt, rechtswidrig (und wie sich herausstellen würde, erfolglos, denn sie verlor die legislativen Wahlen – s. Conseil constitutionnel sénégalais [sen. Verfassungsrat], Entscheidung Nr. 5-E-2017, 14. August 2017) dem Staatschef mit einer Kohabitation drohte, s. *Ndao, Momath Talla*, Une cohabitation politique au Sénégal: entre fatasme et chimère [Eine Kohabitation in Senegal: Zwischen Phantasie und Hirngespinst], 2017, abrufbar unter: https://www.dakaractu.com/Une-cohabitation-politique-au-Senegal-entre-fantasme-et-chimere_a131614.html (Stand: 18.06.2018).

b) Rechte und Pflichten des Präsidenten gegenüber dem Regierungschef

aa) Erfordernis einer buchstäblichen Anwendung der Verfassung

Staatspräsident Mitterrand hat 1986 am Anfang der ersten Kohabitation (1986-1988) in der Nationalversammlung gemäß Artikel 18 Absatz 1 frz. Verfassung mitteilen lassen: „Zum ersten Mal gehört die Mehrheit des Parlaments einer politischen Richtung, die anders ist als diejenige, die sich bei der Präsidentschaftswahl gebildet hatte, was die Zusammensetzung der Regierung, wie es sich gehört, zum Ausdruck bringt. Vor einem Stand der Dinge, den unsere Mitbürger jedoch gewollt haben, fragen sie sich, wie die öffentliche Macht funktionieren wird. Als Antwort zu dieser Frage kenne ich nur eine Antwort, die einzig mögliche, die einzig vernünftige, die einzige, die den Interessen der Nation entspricht: die Verfassung, nur die Verfassung und die ganze Verfassung. Welchen Gedanken man auch über sie haben kann, und ich vergesse selbst weder meine anfängliche Ablehnung noch die Reformen, die ich einst im Namen einer breiten Bewegung der öffentlichen Meinung vorgeschlagen habe und die ich immer noch als wünschenswert halte, ist sie das Grundgesetz. Auf diesem Gebiet gibt es keine andere Quelle des Rechtes, halten wir uns also an diese Regel."[317] Im Falle einer Kohabitation gründet die Legitimität des Premierministers sich direkt auf sein Regierungsprogramm beziehungsweise die seiner Partei. Insbesondere gründet sie sich nicht auf den Präsidenten und seinem Regierungsprogramm. Das Staatsoberhaupt braucht sich nicht dem Regierungschef ohne Weiteres zu fügen. Der Präsident ist nun einmal gewählt worden und besitzt auch eine an sich stärkere demokratische Legitimität, denn er wurde direkt vom Volk gewählt – im Gegensatz zum Premierminister. Aber der Premier kann sich auf direkt gewählte Volksvertreter stützen. Zudem hat er als der jeden-

[317] *Mitterrand, François,* Mitteilung an die Nationalversammlung am 2. April 1986, abrufbar unter: http://fresques.ina.fr/mitterrand/fiche-media/Mitter00153/message-de-francois-mitterrand-lu-par-jacques-chaban-delmas.html (Stand: 18.06.2018).

falls im Ergebnis Gewinner der legislativen Wahlen – er residiert nun im Hôtel Matignon – zurzeit eine aktuellere Legitimität, denn diese Wahlen folgen zurzeit[318] den präsidialen. Ergo hat der Staatschef nun mit größerer Vorsicht zu agieren. Wie Präsident Mitterrand es betonte, sollte während einer Kohabitation die Verfassung so genau wie möglich angewandt werden. Solange der Staatspräsident auf seinen Rechten beharrt, die die Verfassung ihm einräumt, hat der Regierungschef es grundsätzlich immer hinzunehmen. Eine Grenze soll da existieren, wo es offensichtlich ist, dass eine Entscheidung der *ratio legis* der Verfassung widerspricht. Das Gleiche gilt, wenn der Präsident etwas verweigert oder tut, was in der Verfassung unklar ist, inwiefern er es zu tun hat oder eben nicht. Zur Amtsenthebung dürfte es wohl nur dann reichen, wenn der Präsident wiederholt aus reiner Schikane verfassungswidrig handelt. Immerhin ist die Amtsenthebung des Staatsoberhauptes keine Nebensächlichkeit und unterliegt rechtlich zumindest theoretisch[319] hohen Hürden. Einige jeweilige Machtbefugnisse des Präsidenten und des Premiers sind eng ineinander verwoben, was die Möglichkeiten der gegenseitigen Störung begünstigt, aber speziell für den Präsidenten, den Premier zu stören, auch wenn er angesichts der Urnenergebnisse eine große Zurückhaltung einhalten sollte.[320] Vor allem außerhalb von Verfassungsverfahren ist der gewählte Staatspräsident frei, seine Meinungen kundzutun. Er verkörpert an höchster Stelle die Opposition. Den Vorsitz im Ministerrat kann er benutzen, um Vorbehalte über die von der Regierung vorgelegten Unter-

---

318 Ist nicht verfassungsrechtlich festgelegt; somit würde ein außergewöhnliches Ereignis ausreichen – insbesondere Auflösung der Nationalversammlung oder vorzeitige definitive Beendigung des Amtes des Präsidenten –, um diese Reihenfolge zu ändern.

319 Die Amtsenthebung wird per Wahl erreicht ohne jegliche Kontrolle durch Richter (s. Art. 68 frz. Verfassung) – denkbar wäre es folglich, dass die rechtliche Voraussetzung nicht unbedingt erfüllt wäre.

320 S. *Geslot, Christophe,* L'équilibre des pouvoirs, L'équilibre des pouvoirs sous la Ve République. [Das Gleichgewicht der Mächte, Das Gleichgewicht der Mächte unter der Fünften Republik.], in: Verpeaux (Hrsg.), Les annales du droit 2017, Droit constitutionnel [Die Annalen des Rechts 2017, Verfassungsrecht], 2016, S. 190, 195.

lagen feierlich zu äußern.[321] Verfassungsrechtlich bedauerlich haben Kohabitationspräsidenten sich in der Vergangenheit manchmal entschlossen, ihre politische Opposition bis in Regierungsverfahren zu übertragen. So wurde abgelehnt, im Ministerrat beratene Ernennungserlässe zu unterschreiben.[322] Das Parlament tritt gemäß Artikel 29 Absatz 1 frz. Verfassung auf Verlangen des Premierministers oder der Mehrheit der Mitglieder der Nationalversammlung zu einer außerordentlichen Sitzungsperiode mit fester Tagesordnung zusammen. Außer den Fällen, in denen das Parlament von Verfassung wegen zusammentritt, werden die außerordentlichen Sitzungsperioden durch Dekret des Präsidenten der Republik eröffnet und geschlossen (s. Artikel 30 frz. Verfassung). Trotz Artikel 29 Absatz 1 frz. Verfassung hat 1993 Präsident Mitterrand eine von Premier Balladur gewollte außerordentliche Sitzungsperiode mittels Artikel 30 frz. Verfassung verhindert.[323] Gemäß Artikel 13 Absatz 1 frz. Verfassung unterzeichnet einerseits der Präsident die Dekrete und andererseits gibt es in der Verfassung keine begrenzte Aufzählung von solchen Dekreten. Im Ministerrat angenommene Dekrete können nur von Dekreten derselben Art und desselben Wertes verändert werden – auch wenn kein Text vorschreibt, dass es so sein muss –, das heißt, dass die verändernden Dekrete ebenfalls im Ministerrat angenommen werden müssen.[324] Ergo kann der Präsident sich in der Praxis weigern, verändernde Dekrete zu unterzeichnen[325]

---

[321] S. *Esplugas-Labatut, Pierre,* in: Caporal-Gréco, Stéphane/Esplugas-Labatut, Pierre/Ségur, Philippe/Torcol, Sylvie, Droit constitutionnel [Verfassungsrecht], 2017, S. 235.

[322] S. *Cohendet, Marie-Anne,* Cohabitation et constitution [Kohabitation und Verfassung], Pouvoirs 1999, Nr. 91, S. 33, 46.

[323] S. *Esplugas-Labatut, Pierre,* in: Caporal-Gréco, Stéphane/Esplugas-Labatut, Pierre/Ségur, Philippe/Torcol, Sylvie, Droit constitutionnel [Verfassungsrecht], 2017, S. 235.

[324] S. CE Ass. [Staatsrat, Kammer für Rechtsstreitigkeiten], 10. September 1992, Nr. 140376, 140377, 140378, 140379, 140416, 140417 u. 140832.

[325] Präsident Mitterrand hat es etwa in den Jahren 1986-87 abgelehnt, gewisse Verordnungen zu unterschreiben, die der Regierungschef wollte, s. *Geslot, Christophe,* L'équilibre des pouvoirs, L'équilibre des pouvoirs sous la Ve République. [Das Gleichgewicht der Mächte, Das Gleichgewicht der Mächte

(er kann sogar zuerst versuchen, dass eine bestimme Frage im Ministerrat behandelt wird); was als Ergebnis mit sich bringt, dass er seine Rechtsetzungsbefugnisse – auf eklatant verfassungswidrige Weise –[326] erweitert.[327] Dem Premier bleibt es aber selbstverständlich unbenommen, mittels eines von seiner parlamentarischen Mehrheit verabschiedeten Gesetzes das problematische Dekret *in fine* zu übertreffen. Demzufolge kann der Präsident während einer Kohabitation gemäß der bisherigen Praxis den Regierungschef nicht daran hindern, das Land zu steuern, aber er kann es ihm bedeutend schwerer machen. Schließlich wäre denkbar, dass ein Staatspräsident sich eines Tages sogar weigern würde, ein Verfassungsgesetz zu unterschreiben.[328] Der Präsident dürfte sich keinesfalls weigern, Gesetze zu unterschreiben – ungeachtet der Art des Gesetzes (ordentlich, organisch oder verfassungsrechtlich). Noch hinnehmbar erschiene die Weigerung, Verordnungen zu unterschreiben, solange – was aktuell der Fall ist –[329] sie in der Öffentlichkeit zu dem Zeitpunkt

unter der Fünften Republik.], in: Verpeaux (Hrsg.), Les annales du droit 2017, Droit constitutionnel [Die Annalen des Rechts 2017, Verfassungsrecht], 2016, S. 190, 195.

326 In Deutschland könnte ein vergleichbares Fehlverhalten vor dem Bundesverfassungsgericht beanstandet werden, was aber in Frankreich nicht möglich ist, s. S. 65. Nur eine Amtsenthebung wäre in Frankreich theoretisch möglich, aber schon die notwendige Zweidrittelmehrheit zu erhalten, sollte sich als faktisch unmöglich herausstellen (unbeachtet der Frage, ob die strenge Voraussetzung des Art. 68 Abs. 1 Satz 1 frz. Verfassung schon als erfüllt angesehen werden kann).

327 Cf. *Rouvillois, Frédéric*, Droit constitutionnel 2, La Ve République [Verfassungsrecht 2, Die Fünfte Republik], 5. Aufl., 2016, S. 194 f.

328 S. *Cohendet, Marie-Anne*, Cohabitation et constitution [Kohabitation und Verfassung], Pouvoirs 1999, Nr. 91, S. 33, 46 f.

329 S. 2017 bezüglich der Reform des Arbeitsrechts *AFP*, Réforme du Code du travail: des milliers de manifestants dans toute la France [Reform des Arbeitsgesetzbuch: Tausende Demonstranten in ganz Frankreich], 2017, abrufbar unter: http://www.lepoint.fr/politique/reforme-du-code-du-travail-macron-face-a-l-epreuve-de-la-rue-et-des-greves-12-09-2017-2156188_20.php (Stand: 18.06.2018) sowie *Bonté, Amélie*, Nouvelle journée de manifestation contre les "ordonnances Macron" [Neuer Demonstrationstag gegen die „Macron Verordnungen"], 2017, abrufbar unter: https://www.francebleu.fr/infos/politique/nouvelle-journee-de-manifestation-contre-les-ordonnances-

viel kritisiert werden wegen zu knapper parlamentarischer Debatte. Denn dadurch könnte der Präsident dem Parlament zwingen, die Ausarbeitung eines Gesetzes selbst zu entscheiden, anstatt es an die Regierung zu delegieren. Es erscheint grenzwertig und abhängig von der Wichtigkeit der momentanen Akzeptanz dieser Vorgehensart in der Bevölkerung, denn immerhin hat das Parlament die Regierung ermächtigt, die Verordnungen vorzunehmen, gegebenenfalls mit strengen Inhaltsvorgaben,[330] und zudem könnte es die (gemäß Artikel 38 Absatz 2 Satz 2 frz. Verfassung streng notwendige) nachträgliche Zustimmung verweigern bzw. nur mit Änderungen erteilen[331] – ohne sogar von der Möglichkeit zu sprechen, ein völlig neues Gesetz zu erlassen. Unterzeichnungsverweigerungen seitens des Staatsoberhauptes sind ansonsten eindeutig verfassungswidrig. Im französischen Recht gilt generell Indikativ als Imperativ. Die

---

macron-1508321009 (Stand: 18.06.2018) und 2018 bezüglich des Verzichts, die SNCF ebenfalls mittels Verordnungen zu reformieren *Lemarié, Alexandre,* SNCF: l'opposition reproche à l'exécutif de « contourner le Parlement » avec les ordonnances [SNCF: Die Opposition wirft der Exekutive vor, mit den Verordnungen „das Parlament zu übergehen"], 2018, abrufbar unter: https://www.lemonde.fr/politique/article/2018/02/28/sncf-l-opposition-reproche-a-l-executif-de-contourner-le-parlement-avec-les-ordonnances_5263549_823448.html (Stand: 18.06.2018) sowie *Toussay, Jade,* Avant la grève à la SNCF, le gouvernement renonce aux ordonnances pour l'ouverture à la concurrence [Vor dem Streik bei der SNCF verzichtet die Regierung auf Verordnungen für die Öffnung zur Konkurrenz], 2018, abrufbar unter: https://www.huffingtonpost.fr/2018/03/31/avant-la-greve-a-la-sncf-le-gouvernement-renonce-aux-ordonnances-pour-louverture-a-la-concurrence_a_23399779/ (Stand: 18.06.2018).

330 S. z.B. Art. 8 Loi n° 2015-177 du 16 février 2015 relative à la modernisation et à la simplification du droit et des procédures dans les domaines de la justice et des affaires intérieures [Gesetz Nr. 2015-177 vom 16. Februar 2015 bezüglich der Modernisierung und der Vereinfachung des Rechtes und der Verfahren auf den Gebieten der Justiz und der inneren Angelegenheiten].

331 S. z. B. Art. 2 ff. Loi n° 2018-287 du 20 avril 2018 ratifiant l'ordonnance n° 2016-131 du 10 février 2016 portant réforme du droit des contrats, du régime général et de la preuve des obligations [Gesetz Nr. 2018-287 vom 20. April 2018 zur Bestätigung der Verordnung Nr. 2016-131 vom 10. Februar 2016 zur Reform des Vertragsrechts, der allgemeinen Regeln und des Beweises der Schuldverhältnisse].

Straßenverkehrsordnung sieht in diesem Sinne vor, dass rechts gefahren wird, was nicht bedeutet, dass man je nach eigener Laune entweder rechts oder links fahren darf, sondern dass man verpflichtet ist, rechts zu fahren.[332] Auch ist die Nichterwähnung von Fristen in der Verfassung keine Andeutung dafür, dass keine Pflicht zur Durchführung bestehe, sondern im Gegenteil eine Verpflichtung, ohne Verzögerung, also schnell zu handeln.[333] Wäre gewollt worden, dass der Präsident eine Entscheidungsmacht hat, dann wäre eine erlaubende Formulierung benutzt worden (etwa „kann" wie in Artikel 11 Absatz 1 frz. Verfassung oder „beschließt" wie in Artikel 89 Absatz 3 Satz 1 Halbsatz 1 frz. Verfassung).[334] Ein Präsident, der aktiv sein will, kann sich insofern auf die Vergangenheit stützen, dass der Präsident immer schon aktiv war, eben auch während Kohabitationen. Es besteht aber kein Gleichheitsprinzip in der Ungerechtigkeit.[335] Ebenso kann es kein Gleichheitsprinzip in der Verfassungswidrigkeit geben. Hat ein vormaliger Präsident während seiner Amtszeit seine Befugnisse überschritten (insbesondere bezüglich seiner oftmals notwendigen Unterschrift), heißt das nicht, dass seine Nachfolger nun ebenfalls dazu „berechtigt" wären. Zudem kann die gerichtlich nicht angreifbare[336] Unterschriftsverweigerung verheerende Folgen haben. Nicht nur blockiert der Staatschef mittels seines unterlassenen Tuns die konkrete Regierungshandlung, sondern er reizt auch insbesondere den Premier, ebenfalls die Verfassung zu negieren. Ein erboster Regierungschef könnte sich zum Beispiel dazu entschließen, trotz der fehlenden präsidialen Unterschrift fortzufahren, unter dem Hinweis, dass das Staatsoberhaupt evident seine staatsnotarielle Funktion[337] verletzt habe. Dies kann

[332] S. *Cohendet, Marie-Anne,* Cohabitation et constitution [Kohabitation und Verfassung], Pouvoirs 1999, Nr. 91, S. 33, 47.

[333] S. ibid.

[334] S. ibid.

[335] Cf. BVerfGE 50, 142 (166); *Papier, Hans-Jürgen/Krönke, Christoph,* Grundkurs Öffentliches Recht 2, Grundrechte, 3. Aufl., 2018, Rn. 228.

[336] Sofern man von der Möglichkeit der Amtsenthebung durch das Hohe Gericht absieht, s. S. 65 f.

[337] Cf. *Hildebrand, Tina,* Wissenstraining Jura, BGB AT, StGB AT I, Staatsorganisationsrecht, 2018, S. 296.

wiederum zu Unbehagen bis Ratlosigkeit führen, ob die Regierungshandlung nun gilt oder nicht, mit der subsequenten Frage, ob ihr Folge geleistet werden muss. In diesem Sinne ist zu begrüßen, dass die bisherigen Präsidenten während Kohabitationszeiten die Verweigerung ihrer Unterzeichnung insgesamt nur mit Maß genutzt haben, weil sie angesichts ihrer geschrumpften Legitimität wussten, dass eine systematische Blockade als Gewaltstreich wahrgenommen worden wäre.[338] Gesetze wurden bisher immer unterzeichnet. Der Präsident sollte auch besser nicht ständig blockieren, denn einerseits kann der Premier es der Bevölkerung mitteilen und so öffentlichen Druck gegen das Staatsoberhaupt aufbauen (gegebenenfalls sinken demnach dessen Wiederwahlchancen) und andererseits steigt proportional zur Anzahl der Blockaden die Wahrscheinlichkeit eines Amtsenthebungsverfahrens.

bb) Verbliebene präsidiale Kompetenzen

Die Verfassung billigt dem Staatspräsidenten zwei Reihen besonderer Machtbefugnisse zu, und zwar einige eigene und vor allem geteilte Machtbefugnisse.[339] Was die eigenen Machtbefugnisse anbelangt, kann das Staatsoberhaupt gemäß Artikel 18 Absatz 2 Satz 1 frz. Verfassung vor dem Parlament, das zu diesem Zweck als Kongress zusammentritt, sprechen. Gemäß Artikel 12 Absatz 1 frz. Verfassung darf der Präsident die Nationalversammlung jederzeit auflösen. Eine simple vorherige Beratung mit dem Premierminister und den Präsidenten der Kammern genügt (s. ibid). Allerdings darf gemäß Absatz 4 desselben Artikels keine erneute Auflösung in dem auf diese Wahlen folgenden Jahr stattfinden. Die Eigenschaft des Präsidenten als „Oberbefehlshaber der Streitkräfte" bildet eine Grundlage seiner Machtbefugnis, die Streitkräfte im Ausland einzusetzen (aber indem er das Parlament darüber informiert) und auf den atomaren Knopf zu drücken (durch den Erlass

338 S. *Rouvillois, Frédéric*, Droit constitutionnel 2, La Ve République [Verfassungsrecht 2, Die Fünfte Republik], 5. Aufl., 2016, S. 207.

339 S. *Esplugas-Labatut, Pierre*, in: Caporal-Gréco, Stéphane/Esplugas-Labatut, Pierre/Ségur, Philippe/Torcol, Sylvie, Droit constitutionnel [Verfassungsrecht], 2017, S. 232.

Nr. 64-46 vom 14. Januar 1964 bezüglich der strategischen Luftstreitkräfte, ersetzt durch den Erlass Nr. 96-520 vom 12. Juni 1996 über die Bestimmung der Verantwortlichkeiten bezüglich der nuklearen Streitkräfte).[340] Der Präsident kann ebenfalls per Erlass im Ministerrat den „Belagerungszustand" beschließen, wobei seine Verlängerung auf mehr als 12 Tage der Genehmigung des Parlaments bedarf (s. Artikel 36 frz. Verfassung). Die Auswirkung dieses Ausnahmezustandes besteht darin, im Falle einer drohenden Gefahr als Folge eines ausländischen Krieges oder eines bewaffneten Aufstandes (s. Artikel L[Gesetz]2121-1 Absatz 1 frz. Verteidigungsgesetzbuch) die Machtbefugnisse zur Einhaltung der Ordnung und die polizeilichen Aufgaben von den zivilen auf die militärischen Behörden zu übertragen (s. Artikel L[Gesetz]2121-2 Absatz 1 frz. Verteidigungsgesetzbuch). Was die geteilten Machtbefugnisse anbelangt, entlässt der Staatspräsident den Premierminister aus seinem Amt, wenn dieser ihm den Rücktritt der Regierung anbietet (s. Artikel 8 Absatz 1 Satz 2 frz. Verfassung). *De facto* ist die Ernennung des Premiers ebenfalls eine geteilte (wenn nicht sogar gebundene)[341] Befugnis. Das Gleiche gilt für die Ernennungen und Entlassungen der sonstigen Regierungsmitglieder.[342] Das Recht, eine Vorlage zur Verfassungsänderung einzubringen, steht den Mitgliedern des Parlaments zu, dem Präsidenten nur auf Vorschlag des Premierministers (s. Artikel 89 Absatz 1 frz. Verfassung). Der Präsident ist des Weiteren nicht nur Inhaber von juristisch definierten und von der Verfassung aufgezählten „Machtbefugnissen". Das Handeln des Staatschefs wird auch durch „materielle Handlungsakte" verwirklicht, die der rechtlichen Überprüfung entzogen sind: Treffen mit ausländischen Staats- und Regierungschefs; europäische Gipfeltreffen oder auf einer anderen Ebene, Reisen und Reden in der Provinz, Unterredungen mit Journalisten, Pressekonferenzen[343], Fernsehanspra-

[340] S. ibid., S. 236.

[341] S. S. 36.

[342] S. S. 36 f.

[343] Auch schon als „die absolute Waffe des Regimes" beim General De Gaulle genannt, s. *Viansson-Ponté, Pierre,* Les Gaullistes, Rituel et annuaire [Die Gaullisten, Ritual und Verzeichnis], 1963, S. 48.

chen (in regelmäßigen Zeitabschnitten oder anlässlich wichtiger Ereignisse; bei landesweiten Wahlen, Kriegen, Krisen, Verfassungsnovellierungen etc.).[344] De Gaulle unterstrich schon die Bedeutung dieser gegenzeichnungsfreien Handlungen; „Es ist aber mit dem Volk selbst und nicht nur mit seinen Führungskräften, dass ich mit den Augen und den Ohren verbunden sein will. Die Franzosen müssen mich sehen und hören, und ich muss sie hören und sehen. Das Fernsehen und die öffentlichen Reisen geben mir die Möglichkeit dazu.".[345] Größtenteils haben gerade diese Handlungen es ermöglicht, eine Begrenzung der Schrumpfung des Präsidentenamtes während der Kohabitationszeiten zu erreichen.[346] Bei Artikel 16 frz. Verfassung handelt es sich um eine Verfassung innerhalb der Verfassung. Es ist eine Verfassung der schlechten Tage, die dem Staatschef ermöglicht, eine Diktatur römischer Art einzuleiten beziehungsweise die Verantwortung dafür zu übernehmen, wenn die Republik, die Nation, Frankreich hart bedroht werden (man denke an 1940, wie De Gaulle argumentierte).[347] Artikel 16 frz. Verfassung ähnelt Artikel 48 WRV. Er wurde bislang nur einmal benutzt, und zwar vor fast sechzig Jahren (wegen des Putsches der Generäle in Algerien). Dieser Artikel liefert aber den Beweis, dass der Verfassung zufolge das Staatsoberhaupt eine wichtigere Funktion als der Regierungschef einnimmt, weil in Fällen großer Krisen die entscheidende und leitende Kraft Frankreichs der Präsident ist (und nicht der Regierungschef).[348]

---

344 S. *Rouvillois, Frédéric,* Droit constitutionnel 2, La Ve République [Verfassungsrecht 2, Die Fünfte Republik], 5. Aufl., 2016, S. 178 f.

345 S. *De Gaulle, Charles,* Mémoires d'espoir, Tome I : Le renouveau 1958-1962 [Memoiren der Hoffnung, Band I : Die Erneuerung 1958-1962], 1970, S. 301.

346 S. *Rouvillois, Frédéric,* Droit constitutionnel 2, La Ve République [Verfassungsrecht 2, Die Fünfte Republik], 5. Aufl., 2016, S. 179.

347 S. *Mouzet, Pierre,* Le président de la République, Le pouvoir présidentiel. [Der Präsident der Republik, Die präsidiale Macht.], in: Verpeaux (Hrsg.), Les annales du droit 2017, Droit constitutionnel [Die Annalen des Rechts 2017, Verfassungsrecht], 2016, S. 141, 146 f.

348 Cf. mit Deutschland, wo das Gegenteil der Fall ist, s. S. 53 f.

c) Rechte und Pflichten des Regierungschefs gegenüber dem Präsidenten

Gemäß Artikel 20 Absatz 1 frz. Verfassung bestimmt und leitet die Regierung die Politik der Nation. Sie verfügt über die Verwaltung und die Streitkräfte (s. Artikel 20 Absatz 2 frz. Verfassung) und ist dem Parlament gegenüber gemäß Artikel 20 Absatz 3 frz. Verfassung verantwortlich. Gemäß Artikel 21 Absatz 1 Satz 1 frz. Verfassung leitet der Premierminister die Geschäfte der Regierung und übt gemäß Artikel 21 Absatz 1 Satz 4 frz. Verfassung weitestgehend das Verordnungsrecht aus. Mit anderen Worten: Es ist deutlich, dass laut Verfassung der Premier und seine Regierung die echten politischen Entscheidungsträger sind.[349] Allerdings hat sich das allgemeine Verständnis anders entwickelt, und zwar mit dem dreifachen Einverständnis der aufeinander folgenden Regierungen, der parlamentarischen Mehrheiten und vor allem des Volkes, für welches die Wahl des Staatschefs zum wesentlichen Moment des nationalen Lebens wurde.[350] Die Wahlbeteiligung war seit den Anfängen der Fünften Republik immer schon am höchsten im Falle einer Präsidentschaftswahl (stets ca. 80 %).[351] Der Unterschied zu anderen Wahlen – nicht zuletzt gegenüber der Parlamentswahl – wird sogar immer größer; 2017 war die Wahlbeteiligung für die Präsidentschaftswahl fast doppelt so hoch wie bei der Parlamentswahl (42,64 %).[352] Das Spiel gilt nach der Präsidentenwahl – auch „Mutter aller Wahlen" genannt –[353] somit als gelaufen. Diese Situati-

349 S. *Esplugas-Labatut, Pierre*, in: Caporal-Gréco, Stéphane/Esplugas-Labatut, Pierre/Ségur, Philippe/Torcol, Sylvie, Droit constitutionnel [Verfassungsrecht], 2017, S. 243.

350 S. *Trotabas, Louis/Isoart, Paul*, Droit public [Öffentliches Recht], 24. Aufl., 1998, S. 36.

351 S. *Ministère de l'Intérieur*, Élections, Les résultats [Wahlergebnisse], o.A., abrufbar unter: https://www.interieur.gouv.fr/Elections/Les-resultats (Stand: 18.06.2018).

352 S. ibid.

353 S. *Ardant, Philippe/Mathieu, Bertrand*, Droit constitutionnel et institutions politiques [Verfassungsrecht und politische Institutionen], 29. Aufl., 2017, Rn. 736.

on wird durch den geschaffenen Begriff der „Präsidialmehrheit“ gekennzeichnet, der jenseits der Parteidiskrepanzen alle vereint, die die Orientierungen des zum „allerhöchsten Amt“ gewählten Kandidaten annehmen.[354] Aufschlussreich ist, dass die legislativen Wahlen als „Dritte Runde“ der Präsidentenwahl bezeichnet werden –[355] auch durch staatlich kontrollierte Medien[356]. Aber eigentlich bleiben die legislativen Wahlen entscheidend und ist der Regierungschef die wichtigste Person im Staate. Der aus diesen Wahlen hervorkommende Premierminister kann nämlich weitestgehend frei vom präsidentiellen Einfluss seine Regierung bilden und ebenso weitestgehend frei seine Politik führen. Jedenfalls kann der Präsident niemals Gesetze erlassen oder stoppen, der Regierungschef mithilfe seiner ihn stützenden parlamentarischen Mehrheit aber sehr wohl. Die Nationalversammlung, die den Premierminister stellt, entscheidet über die neuen Gesetze.[357] Auch während der Kohabitation führt der Präsident gemäß Artikel 9 frz. Verfassung weiterhin den Vorsitz im

---

354 S. *Trotabas, Louis/Isoart, Paul,* Droit public [Öffentliches Recht], 24. Aufl., 1998, S. 36.

355 S. *Duchemin, Rémi,* Législatives : le troisième tour der la présidentielle a commencé [Legislative Wahlen : Die dritte Runde der Präsidentschaftswahl hat angefangen], 2017, abrufbar unter: http://www.europe1.fr/politique/legislatives-le-troisieme-tour-de-la-presidentielle-a-commence-3311330 (Stand: 18.06.2018); *Encaoua, Myriam/Vernet, Henri,* Législatives: et maintenant… le troisième tour [Legislative Wahlen: und nun… die dritte Runde], 2017, abrufbar unter: http://www.leparisien.fr/politique/legislatives-et-main tenant-le-troisieme-tour-09-05-2017-6930927.php (Stand: 18.06.2018).

356 S. *Brunet, Romain,* France : les législatives, futur « troisième tour » de l'élection présidentielle [Frankreich: Die legislativen Wahlen als zukünftige „dritte Runde“ der Präsidentschaftswahl], 2017, abrufbar unter: http://www.france24.com/fr/20170324-france-legislatives-troisieme-tour-presidentielle-le-pen-macron-majorite-parlementaire (Stand: 18.06.2018).

357 Der Senat als die zweite Kammer des französischen Parlaments kann zwar sowohl Verfassungsänderungen als teilweise auch organische Gesetze (institutionelle Regelung zwischen der Verfassung und ein gewöhnliches Gesetz) regelrecht blockieren (s. Art. 89 Abs. 2 Satz 1 Halbsatz 1 und Art. 46 Abs. 3 und 4 frz. Verfassung), aber kann die Wahl von ordentlichen Gesetze höchstens (sogar nicht immer möglich, s. nur Art. 49 Abs. 3 Satz 3 frz. Verfassung) verzögern (s. Art. 45 Abs. 4 frz. Verfassung).

Ministerrat. Sonach wird der Ministerrat im Grunde genommen vom Kabinettsrat – also in Abwesenheit des Staatsoberhauptes – ersetzt. Bei dieser Art von Zusammenkunft kann der Premier selbst einer Besprechung aller Regierungsmitglieder an seinem Amtssitz vorsitzen. Der Ministerrat tagt nur noch förmlich, um schon getroffene Entscheidungen verfassungsgemäß anzunehmen.[358] Im Falle der Kohabitation erscheinen Kabinettsräte unvermeidlich.[359] Akte des Premierministers werden gemäß Artikel 22 frz. Verfassung gegebenenfalls durch die mit ihrer Ausführung betrauten Minister gegengezeichnet. Dies hat mehr Bedeutung im Rahmen einer Kohabitation als während einer traditionellen Situation. Im Rahmen einer Kohabitation ist es nicht immer eine Formalität, denn manche Minister sind eher dem Präsidenten angehörig[360]. Der Premier kann dem Präsidenten das Leben äußerst schwer machen. Zum Beispiel könnte er, in der Logik, dass der Präsident nicht zu regieren hat, das doch signifikante Budget des Élysée-Palastes (gemäß amtlichen Angaben rund 110 Millionen Euro jährlich)[361] diesem Umstand nach angemessen (recht drastisch) kürzen lassen. Zum Vergleich beträgt das Budget des Bundespräsidenten und Bundespräsidialamtes jährlich weniger als 35 Millionen Euro.[362] Der Premierminister könnte an internationalen Gipfeltreffen von Staats- und Regierungschefs anwesend sein wollen. Besteht der Staatspräsident allerdings darauf, dass er teilnimmt, so kann beschlossen werden, dass Frankreich sowohl seinen Staats- als auch Regierungschef schickt.[363] Einem

---

358 Cf. *Esplugas-Labatut, Pierre,* in: Caporal-Gréco, Stéphane/Esplugas-Labatut, Pierre/Ségur, Philippe/Torcol, Sylvie, Droit constitutionnel [Verfassungsrecht], 2017, S. 235.

359 S. *Rouvillois, Frédéric,* Droit constitutionnel 2, La Ve République [Verfassungsrecht 2, Die Fünfte Republik], 5. Aufl., 2016, S. 231.

360 S. S. 36 f.

361 S. *Elysée,* Budget, 2017, abrufbar unter: http://www.elysee.fr/actualites/article/budget-2/ (Stand: 18.06.2018).

362 S. *Bundesministerium der Finanzen,* Bundeshaushalt, Bundespräsident und Bundespräsidialamt 2016, abrufbar unter: https://www.bundeshaushalt-info.de/#/2016/soll/ausgaben/einzelplan/01.html (Stand: 18.06.2018).

363 S. zum Beispiel: *L'Obs,* Sommet européen délicat pour Chirac et Jospin [Heikles europäisches Gipfeltreffen für Präsident Chirac und Premier Jos-

klassischen parlamentarischen System entsprechend gibt es keine zeitlichen Grenzen für den französischen Regierungschef. In aller Regel führt dies in Frankreich zu einer kürzeren Amtszeit als die Dauer der Legislaturperiode,[364] aber das Gegenteil könnte, wie in Deutschland, geschehen. In Deutschland haben sich bis jetzt drei Personen (Adenauer, Kohl und Merkel) fast zwei Drittel der gesamten Regierungszeit der Bundesrepublik (2019 siebzig Jahre) geteilt, trotz insbesondere neunzehn verschiedener Bundestagswahlen. Schon 1964 sprach man von „Kanzlerdemokratie".[365] Seit 2005 regiert in Deutschland dieselbe Person, sie sollte normalerweise auch bis 2021 weiterregieren[366] und gibt keine Anzeichen, danach aufhören zu wollen[367]; von 2005 bis heute galt sowie gilt in Frankreich weiter die traditionelle Situation, und es hat schon vier verschiedene Präsidenten gegeben. Nur während Kohabitationen wusste der Premier bis heute systematisch bis zum Ende der Legislatur im Hôtel Matignon zu bleiben. Trotzdem haben die französischen Regierungschefs während Kohabitationen nicht versucht, auf Dauer im Hôtel Matignon bleiben zu wollen. Gemäß dem allgemeinen Verständnis darüber, welcher Posten der wichtigste in Frankreich ist, wollten auch sie lieber zum Élysée-Palast umziehen.[368] In diesem

---

pin], 2002, abrufbar unter: https://www.nouvelobs.com/economie/20020315.OBS3984/sommet-europeen-delicat-pour-chirac-et-jospin.html (Stand: 18.06.2018).

364 S. *Gouvernement*, Les Premiers ministres de la Ve République de 1958 à 2017 [Die Premierminister der Fünften Republik von 1958 bis 2017], o.A., abrufbar unter: https://www.gouvernement.fr/les-premiers-ministres-de-la-ve-republique-de-1958-a-2017 (Stand: 18.06.2018).

365 S. *Badia, Gilbert*, Histoire de l'Allemagne contemporaine, 1933-1962 [Geschichte des heutigen Deutschlands, 1933-1962], Band II, 1964, S. 289.

366 S. S. 29.

367 S. *Handelsblatt*, Merkel würde im Falle von Neuwahlen wieder als Kanzlerkandidatin antreten, 2017, abrufbar unter: http://www.handelsblatt.com/politik/deutschland/-jamaika-newsblog-merkel-wuerde-im-falle-von-neuwahlen-wieder-als-kanzlerkandidatin-antreten/20605552.html (Stand: 18.06.2018).

368 Sie waren systematisch Kandidat bei der nächsten Präsidentschaftswahl (und i.Ü. erfolglos).

Sinne haben sie das Amt nicht übermäßig geschwächt, welches sie bald selber innehaben wollten. Sollte aber ein zukünftiger Premierminister während einer Kohabitation alle Macht ausüben, die die Verfassung ihm einräumt, so wäre dies rechtlich nicht zu beanstanden – auch wenn dies zu Lasten der präsidialen Institution ginge.

3) Die Sechste Republik – zuletzt 2017 fast durchgesetzt und weiterhin aktuell

Der Gedanke einer Sechsten Republik ist schon älter: Man könnte sogar sagen, dass er zum Geburtstag der Verfassung von 1958 zurückführt, weil sie von Anfang an in Frage gestellt wurde.[369] Man könnte im Übrigen angesichts der vielen Republiken und noch mehr Verfassungen (teilweise schon veraltet, bevor sie zum ersten Mal in Kraft treten konnten), die Frankreich sich seit der Französischen Revolution schon gegeben hat,[370] es nur als eine Frage der Zeit betrachten, wann die nächste Republik ausprobiert wird (mit höchstwahrscheinlich dem gleichzeitigen Verlangen nach einer Siebten Republik, etc.). Lässt man die Dritte Republik unberücksichtigt, die 65 Jahre gedauert hat, und die Fünfte Republik, die im Oktober 2018 60 Jahre alt wird, beträgt die durchschnittliche Dauer der französischen politischen Systeme ungefähr 12 Jahre.[371] Der insbesondere ehemalige Justizminister und Verfassungsratspräsident Robert Badinter meinte: „Unter den Demokratien erscheint Frankreich als der größte Produzent und Konsument von Verfassungen.“.[372] Die Vorschläge zur Einführung einer Sechsten Republik werden entweder

369 S. *Esplugas-Labatut, Pierre,* in: Caporal-Gréco, Stéphane/Esplugas-Labatut, Pierre/Ségur, Philippe/Torcol, Sylvie, Droit constitutionnel [Verfassungsrecht], 2017, S. 323.

370 S. S. 59.

371 S. *Zarka, Jean-Claude,* L'essentiel de l'histoire constitutionnelle et politique de la France (de 1789 à nos jours) [Das Wesentliche aus der verfassungs- und politischen Geschichte Frankreich (von 1789 bis heute)], 8. Aufl., 2017, S. 3.

372 Zitiert nach *Zarka,* s. ibid.

von politischen Verantwortlichen unterschiedlicher Tendenzen (etwa François Bayrou[373], Ségolène Royal[374] oder Jean-Luc Mélenchon[375]) oder von akademischen Kreisen (Convention pour la VIème République, Mouvement pour la VIème République) verteidigt. Zurzeit ist es noch sehr aktuell und innerhalb von fünf Jahren möglicherweise vollzogen, denn der 2017 beinahe erfolgreiche Präsidentschaftskandidat Mélenchon[376] plant 2022 wieder zu kandidie-

---

373 2007 verlor der die Sechste Republik befürwortende – s. *Le Monde*, Tous les programmes des candidats à la présidentielle 2007 [Alle Programme der Kandidaten bei der Präsidentschaftswahl 2007], 2007, abrufbar unter: http://www.lemonde.fr/societe/article_interactif/2006/10/16/tous-les-programmes_822922_3224.html (Stand: 18.06.2018) – Präsidentschaftskandidat der Mitte-rechts Union für die französische Demokratie (UDF) mit 18,57 % der gültigen abgegebenen Stimmen im ersten Wahlgang die Wahl, 7,3 Prozentpunkte von der Stichwahl entfernt (und 12,61 % Prozentpunkte entfernt vom zukünftigen Gewinner Nicolas Sarkozy), s. *Ministère de l'Intérieur*, Résultats de l'élection présidentielle 2007 [Ergebnisse der Präsidentschaftswahl 2007], 2007, abrufbar unter: https://www.interieur.gouv.fr/Elections/Les-resultats/Presidentielles/elecresult__presidentielle_2007/(path)/presidentielle_2007/FE.html (Stand: 18.06.2018).

374 2007 verlor die die Sechste Republik befürwortende – s. *L'Obs*, Ségolène Royal propose une „VIe République" [Die Präsidentschaftskandidatin Ségolène Royal schlägt eine Sechste Republik vor], 2007, abrufbar unter: https://www.nouvelobs.com/politique/elections-2007/20070318.OBS7656/segolene-royal-propose-une-vie-republique.html (Stand: 18.06.2018) – Präsidentschaftskandidatin der linken Sozialistischen Partei (PS) erst in der Stichwahl mit 46,94 % der gültigen abgegebenen Stimmen gegen Nicolas Sarkozy, s. Fn. 373.

375 2017 verlor der die Sechste Republik befürwortende – s. S. 97 ff. – Präsidentschaftskandidat der sehr links orientierten Partei „Das ungebeugte Frankreich" (FI) mit 19,58 % der gültigen abgegebenen Stimmen im ersten Wahlgang die Wahl, 1,72 Prozentpunkte von der Stichwahl entfernt (und 4,41 Prozentpunkte entfernt vom zukünftigen Gewinner Emmanuel Macron), s. *Ministère de l'Intérieur*, Résultats de l'élection présidentielle 2017 [Ergebnisse der Präsidentschaftswahl 2017], 2017, abrufbar unter: https://www.interieur.gouv.fr/Elections/Les-resultats/Presidentielles/elecresult__presidentielle-2017/(path)/presidentielle-2017/FE.html (Stand: 18.06.2018).

376 S. Fn. 375.

ren[377]. Das Folgende ist aus seinem diesbezüglichen Programm von 2017: „Der Ausgangspunkt der Vorgehensweise ist, dass nur das Volk und seine Vertreter der verfassungsgebenden Versammlung eine neue Verfassung erarbeiten und per Wahl annehmen sollte. Demnach handelt es sich noch nicht um ein detailliertes „zum Gebrauch fertiges Verfassungsprogramm". Vorschläge werden jedoch schon genannt. Zuerst beginnt oft eine Verfassung mit einer Erklärung der Grundrechte. Eine verfassungsgebende Versammlung würde somit die Verankerung neuer Rechte in die Verfassung ermöglichen. Wir könnten beispielsweise erwägen, die grüne Regel in die Verfassung zu verankern, wonach von der Natur nicht mehr entnommen werden darf, als sie wiederherstellen kann und auch nicht mehr produziert, als sie aushalten kann. Es könnten auch die Gemeingüter in die Verfassung verankert werden: Denn die Luft, das Wasser, die Ernährung, die Lebewesen, die Gesundheit, die Energie, die Währung sind keine Waren und müssen demokratisch verwaltet werden; und das Recht auf Eigentum muss dem allgemeinen Interesse unterstehen. In derselben Denkweise könnte man die Rechte auf Arbeit und Wohnen in die Verfassung verankern und vor allem ihre echte Umsetzung erwirken. Schließlich könnte die neue Verfassung die Berufung der Französischen Republik wieder betonen, eine universelle Nation zu sein, die den Frieden überall auf der Welt verteidigt. Außerdem bestimmt eine Verfassung die institutionelle Struktur. In dieser Hinsicht würde die verfassungsgebende Versammlung die Abschaffung der präsidialen Monarchie ermöglichen. Sie würde erlauben, über die Regeln des politischen Zusammenspieles zu reflektieren und zu debattieren, die anders wären als dieses lähmende System, in dem ein einziger Mensch, der meistens als Notlösung gewählt wurde, die ganze Macht an sich reißt, ohne verpflichtet zu sein, irgendjemandem Rechenschaft abgeben zu müssen. Es würde sich beispielsweise die Gelegenheit

---

377 S. *Machet, Anne-Yasmine,* Seulement deux mois et demi après sa défaite à la présidentielle, Jean-Luc Mélenchon vise déjà la prochaine échéance, en 2022 [Nur zweieinhalb Monate nach seiner Niederlage bei der Präsidentschaftswahl zielt Jean-Luc Mélenchon schon den nächsten Stichtag, 2022], 2017, abrufbar unter: https://www.closermag.fr/politique/jean-luc-melenchon-se-prepare-deja-a-la-prochaine-presidentielle-733205 (Stand: 18.06.2018).

bieten, ein stabiles parlamentarisches System einzuführen, bei dem eine Regierung als Inhaberin der Exekutive bestehen würde und vor dem Parlament verantwortlich wäre. Warum wäre es auch nicht denkbar, die wesentlichen Ernennungsbefugnisse des Präsidenten auf das Parlament zu übertragen? Ein parlamentarisches Regime setzt ein wirklich repräsentatives Parlament voraus; deshalb sind wir für die Verallgemeinerung des Verhältniswahlrechts. Wir wünschen ebenfalls, dass im neuen Regime die Unabhängigkeit der Justiz tatsächlich gesichert sei. Schließlich muss eine Verfassung die Kontrolle der Bürgerinnen und Bürger gegenüber den Führungskräften garantieren. Eine verfassungsgebende Versammlung würde neue Mechanismen der Kontrolle durch die Bürgerinnen und Bürger ins Leben rufen. Diesbezüglich schlägt unser Programm *„Die Zukunft gemeinsam gestalten"* eine breite Palette innovativer Maßnahmen vor: Möglichkeit des Widerrufes von gewählten Personen während ihres Mandates über den Weg der Volksbefragung auf Antrag eines Teiles der Wählerschaft; Wahlrecht ab dem 16. Lebensjahr; Einführung der Wahlpflicht und Anerkennung ungültiger Wahlzettel; Verallgemeinerung des Verhältniswahlrechts… Und damit keine Macht die Wahlentscheidung des Volkes mehr mit den Füßen treten kann, muss die Abhaltung einer Volksbefragung für jede Verfassungsänderung beziehungsweise Ratifizierung europäischer Verträge vorgeschrieben werden. Wir denken, dass die Zeit für eine solche Idee reif ist. Und, mit den Worten von Victor Hugo: *„Nichts auf der Welt ist so mächtig wie eine Idee, deren Stunde geschlagen hat.".*"[378]

[378] S. *L'avenir en commun, Mélenchon 2017,* Changer de République pour faire place au Peuple, [Die Republik wechseln, um für das Volk Platz zu machen], 2017, S. 17 ff. – abrufbar unter: https://avenirencommun.fr/livret-assemblee-constituante/ (Stand 18.06.2018) –.

III) Gemeinsamkeiten und Differenzen

1) Allgemeines

Die Bedeutung des Präsidenten, vor allem in Frankreich, aber auch in Deutschland, wird auch durch ihren Platz in den Verfassungstexten deutlich: Ihnen wird jeweils ein ganzes Kapitel gewidmet. Ein weiteres Zeichen ist die Tatsache, dass sie in beiden Ländern die einzigen sind, die alleine ein ganzes Verfassungsorgan personifizieren. Sowohl in Deutschland als auch in Frankreich sollte der Präsident eine andere Rolle als unter der vorherigen Republik einnehmen. In Frankreich wurde jedoch genau der gegenteilige Schluss wie im Nachbarland gezogen; das Staatsoberhaupt sollte nunmehr eine wichtigere Position innehaben. Deutschland hatte einen starken Staatschef und hat seine Macht deutlich eingeschränkt, wogegen Frankreich einen schwachen hatte und seine Stellung beträchtlich aufgewertet hat. *Cum grano salis* hat Österreich sich gegenüber seinem großen Nachbar im Norden wie Frankreich entwickelt; von einem dem Grundgesetz ähnlichen Bundespräsidenten unter der vorherigen Republik ähneln die präsidialen Befugnisse nun denen des Reichspräsidenten der Weimarer Republik.[379] Aber weder in Deutschland noch in Frankreich wurde die Logik bis zum Ende geführt. Deutschland hat seinem Staatschef wichtige Befugnisse gelassen und Frankreich hat kein Präsidialsystem eingeführt. Die heutige französische Verfassung bestimmt, dass der Präsident ein Schiedsrichter sein soll. Die Regierung soll die Politik der Nation führen. Diese Bestimmung stimmt mit der deutschen präsidialen Praxis überein. Der Bundespräsident kann Denkanstöße geben, auch öffentlich, soll aber weder regieren noch offensichtlich Partei ergreifen. In beiden Ländern hat der erste Präsident die zukünftige Praxis

---

379 S. Präsident des Österreichischen Verfassungsgerichtshofes a.D. *Adamovich, Ludwig*, Der österreichische Bundespräsident als Grenzwächter des Gesetzgebers, in: Herdegen, Matthias/Klein, Hans Hugo/Papier, Hans-Jürgen/Scholz, Rupert (Hrsg.), Staatsrecht und Politik, Festschrift für Roman Herzog zum 75. Geburtstag, 2009, S. 1, 1.

dezisiv beeinflusst. Die heutigen Praxen in beiden Ländern sind direkt auf ihre Amtsausübung zurückführbar. In Deutschland hat der Bewohner von Schloss Bellevue sich sehr zurückhaltend verhalten, wogegen in Frankreich sich der Bewohner des Élysée-Palastes eine Vormachtstellung eingeräumt hat. In beiden Ländern spielt die Verfassungsgerichtsbarkeit eine große Rolle. In Deutschland mittels ihrer Anwesenheit und in Frankreich mittels ihrer Abwesenheit. Gemäß Artikel 93 Absatz 1 Nummer 1 GG ist der Weg nach Karlsruhe im Falle von präsidialen Handlungen immer offen. In Frankreich besteht insofern eine entscheidende Kompetenzlücke des Verfassungsrates. Somit muss der deutsche Präsident immer darauf achten, verfassungsrechtlich korrekt zu handeln, während sein französischer Amtskollege ständig verfassungswidrig handelt, nur schon insofern als dass er nie reine Schiedsgewalt ausüben will. Das Bundesverfassungsgericht entscheidet bezüglich sensibler Themen politisch.[380] Aber sogar dann entscheidet das Gericht jedenfalls im Grundsatz immer juristisch. Somit ist auch im Rahmen einer Präsidentenanklage sichergestellt, dass es trotz einer staatsrechtlichen Krise auf höchster Ebene den Umständen entsprechend juristisch recht sauber entschieden werden wird, ob die Anklage gerechtfertigt ist oder nicht. Rein politische Erwägungen werden wohl nicht reichen, dass das Bundesverfassungsgericht zu Gunsten einer Amtsenthebung entscheidet. Jedenfalls ist es juristischer gestaltet als in Frankreich, wo es von einer gerichtlichen Kontrolle nur den Na-

---

380 Cf. *Voßkuhle, Andreas/Wischmeyer, Thomas (s. Asterisk auf S. 7; „Thomas Wischmeyer [hat mich] nachhaltig unterstützt, den ich deshalb als Mitautor ausweisen möchte")*, Die Verfassung der Mitte, 2016, S. 57; *Menzel, Jörg*, Verfassungsrechtsprechung im siebten Jahrzehnt, Einführende Überlegungen zur Verfassungsgerichtsbarkeit, zum Bundesverfassungsgericht und zur Bedeutung seiner Judikate, in: Menzel, Jörg/Müller-Terpitz, Ralf (Hrsg.), Verfassungsrechtsprechung, 3. Aufl., 2017, S. 1, 16 f., wo der Autor zwar den Terminus „politisch" ablehnt, aber u.a. schreibt „Natürlich ist nicht zu übersehen, dass die Senate in ihren verschiedenen Phasen immer wieder spezifische Akzente gesetzt haben", „Insgesamt lässt sich für die Rechtsprechung des BVerfG aber festhalten, dass es gerade im Bereich der Außenpolitik bislang alle großen politischen Weichenstellungen und Entscheidungen akzeptiert hat." und „Weiten Spielraum hat das Gericht der politischen Leitungsgewalt […] gebilligt."

men gibt („Hohes Gericht" – das nur von Parlamentariern, also Politikern, besetzt ist). In Frankreich genügt eine Zweidrittelmehrheit der Parlamentarier, um die Amtsenthebung des Staatsoberhauptes zu beschließen, wogegen es in Deutschland die Prozedur vor dem Bundesverfassungsgericht erst anfangen lässt. Weil die Kohabitation nicht zu den Kompetenzen des Verfassungsrates gehört, gibt es im Falle einer verfassungswidrigen Handlung des Präsidenten für den Premier nur die Möglichkeit, das Parlament (und das Volk) davon zu überzeugen, dass der Präsident abgesetzt werden soll,[381] und für den Präsidenten im Falle einer verfassungswidrigen Handlung des Regierungschefs über die Auflösung der Nationalversammlung zu entscheiden (was keinesfalls garantiert, einen besseren Urnenausgang zu bekommen als das letzte Mal)[382]. Das sind extreme Konsequenzen, die Folgen wenigstens für das gesamte Land haben[383] und in jedem Fall bedeuten, alle Wähler zu den Urnen zu rufen (entweder um neue Parlamentarier[384] oder um einen neuen Präsidenten[385] zu wählen) in einem eklatanten Machtlosigkeitsbeweis der Regierenden zu regieren[386]. Weil sie diese Folgen

---

381 Cf. zu den praktisch immensen Schwierigkeiten S. 65 f.

382 S. zum Ergebnis der in 1997 durch Präsident Chirac entschiedenen vorgezogenen Neuwahlen *Assemblée nationale,* Les élections législatives des 25 mai et 1er juin 1997 [Die legislativen Wahlen vom 25. Mai und 1. Juni 1997], o.A., abrufbar unter: http://www.assemblee-nationale.fr/connaissance/elections-1997.asp (Stand: 18.06.2018).

383 Auch international hat es Folgen denn zwischen der Amtsenthebung, bzw. der Auflösung der Nationalversammlung bis zu den Wahlen ist Frankreich international praktisch gelähmt.

384 Können selbstverständlich auch dieselben sein.

385 Kann ebenfalls der vor kurzem abgesetzte Präsident sein – weniger selbstverständlich (wenn überhaupt), denn immerhin hat er die Neuwahl verursacht, indem er gravierend gegen die Verfassung verstoßen hat die er eigentlich zu verteidigen hatte –.

386 Cf. in Deutschland nach der Bundestagswahl 2017 und infolge des Scheiterns der Jamaika-Koalitionsgespräche die Worte der geschäftsführenden Kanzlerin und CDU-Vorsitzenden: „Ich halte überhaupt nichts davon, wenn wir mit dem Ergebnis nichts anfangen können, dass wir die Menschen wieder bitten, neu zu wählen", s. *dpa,* Merkel strikt gegen Neuwahlen, 2017, abrufbar unter: https://www.welt.de/regionales/hamburg/article

vermeiden wollen, geschieht es praktisch so gut wie nie – und ist es *bis dato* noch nie geschehen. Die Tatsache, dass die zwei mächtigsten Menschen des Landes gegenseitig voneinander wissen, dass sie so gut wie nicht verfassungswidriges Handeln des anderen ahnden können, führt zur bedenklichen Situation, dass beide dazu geneigt sein könnten, mit ihrer eigenen Macht zu übertreiben. Insbesondere der Präsident, irritiert darüber, nicht von der präsidialen Variante profitieren zu können, hat in der Vergangenheit seine Kompetenzen oft überschritten. Der Premierminister hat es in der Vergangenheit nur wenig gemacht, kaum um den Präsidenten zu schonen, aber vor allem, weil er selbst Präsident werden wollte und demnach die präsidiale Institution nicht zu sehr beschädigen wollte. Eine Kohabitation wie in Frankreich, wo der Präsident und der Premier mit seiner Regierung sich die exekutive Macht gemäß der bisherigen Praxis *de facto* teilen (*de jure* nur bezüglich der Streitkräfte),[387] ist sonach ausgeschlossen.

2) Im Falle einer traditionellen Situation in beiden Ländern

Im Rahmen der traditionellen Situation sowohl in Deutschland als auch in Frankreich ist die *de facto*-Macht der Staatsoberhäupter maximal unterschiedlich. Der Bundespräsident kann nämlich seine durch die Verfassung eingeräumten Befugnisse am wenigsten politisch nutzen, wogegen der französische Präsident der Republik sie am weitesten überschreiten kann. Beide Präsidenten vertreten ihr jeweiliges Land im Ausland, aber nur der französische kann Entscheidungen ohne vorherige Rücksprache mit der Regierung zu Hause treffen. Beide können Gesetze vor ihrer Verkündung zumindest teilweise auf ihre Vereinbarkeit mit der Verfassung überprüfen

---

170953624/Merkel-strikt-gegen-Neuwahlen.html (Stand: 18.06.2018) und *ZEIT ONLINE*, Regierungsbildung, Merkel spricht sich gegen Neuwahlen aus, 2017, abrufbar unter: https://www.zeit.de/video/2017-11/5658047437001/regierungsbildung-merkel-spricht-sich-gegen-neuwahlen-aus (Stand: 18.06.2018).

[387] S. S. 107 od. 111.

beziehungsweise überprüfen lassen. Doch wird dies der französische Präsident kaum tun, denn ein Gesetz wird niemals dieses Stadium ohne sein Einverständnis erreicht haben. Beide Staatschefs sind auf dem Laufenden der nationalen Politik wegen ihrer Präsenz im Ministerrat (im deutschen Falle mittels des Chefs des Bundespräsidialamtes); der französische aber schon, weil er sie entschieden hat. In Deutschland hat der Bundeskanzler nur im Verteidigungsfall die Befehls- und Kommandogewalt über die Streitkräfte inne. Der Bundespräsident hat sie nie. In Frankreich ist es im Rahmen der traditionellen Situation eindeutig, dass der Präsident immer entscheidet. In eng begrenzten Fällen darf sich der deutsche Staatspräsident weigern, den Bundestag aufzulösen; der französische darf die Nationalversammlung jederzeit auflösen (mit der einzigen Einschränkung, dass er keine neue Auflösung innerhalb eines Jahres nach diesen vorgezogenen Neuwahlen entscheiden darf). Die deutsche und die französische Verfassungen sehen verschiedene Gegenzeichnungspflichten vor – in Frankreich ist dies aber immer nur reine Formalität. In Deutschland kann der Präsident kaum bis überhaupt nicht gegen den Regierungschef handeln; in Frankreich tut der Regierungschef, was der Präsident ihm sagt. Der politische Chef in Deutschland, also der Bundeskanzler, kann den Rücktritt des Bundespräsidenten nicht fordern. Der politische Chef in Frankreich, also der Staatspräsident, kann den Rücktritt des Premierministers nach eigenem Dünken jederzeit fordern.

3) Im Falle einer traditionellen Situation in Deutschland und einer Kohabitation in Frankreich

In diesem Fall können die Präsidenten beider Länder am wenigsten Macht ausüben. Was den deutschen Präsidenten betrifft, weil seine demokratische Legitimität besser sein könnte. Was den französischen betrifft, weil er einer ihm ablehnend gesinnten Nationalversammlung gegenübersteht. In beiden Ländern können die Regierungschefs so frei handeln, wie ihre interne Verfassung es ihnen jeweils erlaubt. Was den deutschen Präsidenten betrifft, soll er den

Staat pflegen[388]. Im Gegensatz dazu verkörpert der französische Präsident die Opposition an der höchsten Stelle des Staates. Naturgemäß kann im Rahmen einer Kohabitation der französische Präsident den Rücktritt des Premiers nicht fordern. Während der deutsche Staatschef kaum (beziehungsweise keine) regierungskritische Reden halten soll, kritisiert sein französischer Amtskollege bei jeder Gelegenheit ungeniert die Regierung. Das deutsche Staatsoberhaupt kann die Auflösung des Parlaments nur äußerst selten rechtmäßig verweigern, während das französische es jederzeit tun kann (mit der einzigen Einschränkung, dass er keine neue Auflösung innerhalb eines Jahres nach diesen vorgezogenen Neuwahlen anordnen darf) und wahrscheinlich auch tun wird, sobald etwa die Meinungsumfragen für ihn günstig ausfallen. In beiden Ländern werden die Staatspräsidenten versuchen, verfassungswidrige Gesetze zu verhindern; der deutsche mittels seiner Prüfungskompetenz und der französische insbesondere durch sein Recht, den Verfassungsrat anzurufen. Die Staatsoberhäupter beider Länder repräsentieren ihr Land im Ausland und ratifizieren Verträge, doch können sie nicht verhandeln. Das französische Staatsoberhaupt kann jedoch in wenigen Fällen bedingt zu den Themen des „reservierten Fachgebietes" im engsten Sinne (Sicherheits- und Außenpolitik) verhandeln.[389] In Deutschland ist die Frage, wofür genau eine Gegenzeichnungspflicht existiert, zweitrangig, denn der Präsident hat sich gegebenenfalls an der Organtreue zu halten (sich also nicht frontal gegen die Politik der Regierung zu verhalten). In Frankreich jedoch ist sie sehr wichtig. Die meisten Befugnisse des Präsidenten erfordern das Einverständnis (mittels der Gegenzeichnung) des Regierungschefs (also des politischen Gegners). Außerdem können die halbwegs dem Präsidenten zugewandten Minister ihre Gegenzeichnung dem Premier in den gegebenen Fällen weigern.[390] Beide Staatschefs sind auf dem Laufenden bezüglich der nationalen Politik wegen ihrer Präsenz im Ministerrat; im deutschen Falle mittels des Chefs des Bundespräsidialamtes und im französischen, weil das Staatsober-

---

[388] S. S. 44.

[389] S. S. 77.

[390] S. S. 36 f. i.V.m. S. 77.

haupt den Vorsitz im Ministerrat inne hat. Über den Entscheidungsprozess weiß der französische Präsident aber sogar noch weniger als sein deutscher Amtskollege, denn der Premierminister kann dies in einen Kabinettsrat vorverlagern.[391] In Deutschland hat der Bundeskanzler nur im Verteidigungsfall die Befehls- und Kommandogewalt über die Streitkräfte inne. Der Bundespräsident hat sie nie. In Frankreich ist es im Rahmen der Kohabitation strittig. Fest steht, dass der französische Präsident über die Atomwaffe verfügt und in Fällen absoluten Notstandes (vergleichbar zu Artikel 48 WRV) der Chef ist.[392] In beiden Ländern soll der Präsident der Republik Ernennungen und Gesetze unterschreiben. In beiden Ländern haben sie dabei zuzüglich zum deutschen Prüfungsrecht und dem französischen Verfassungsratsanruf keinen Spielraum, um ihre Unterschrift zu verweigern. Doch ausgerechnet im Land des Rechts, wie Frankreich auf Chinesisch buchstäblich genannt wird („Fa Guo"), ist die präsidiale Praxis bedenklich oft durch verfassungswidriges Fehlverhalten gekennzeichnet. Dies ist deshalb möglich, weil der Verfassungsrat nicht angerufen werden kann und folglich nur eine Amtsenthebung als Sanktion möglich ist. Gesetze haben Kohabitationspräsidenten bis jetzt aber immer unterzeichnet.[393] In Deutschland könnte sich der Bundespräsident ein solches Verhalten wegen des immer offenen Weges nach Karlsruhe nicht erlauben. Demzufolge kann der französische Präsident während einer Kohabitation den Regierungschef nicht daran hindern, das Land zu steuern, aber er kann es ihm bedeutend schwerer machen.

---

391 S. S. 95.

392 S. S. 90 ff.

393 S. S. 90.

4) Im Falle eines demokratisch besser gewählten Bundespräsidenten und einer traditionellen Situation in Frankreich

In dieser Konstellation genießen beide Staatsoberhäupter die maximale Macht, die sie im Rahmen der Verfassung ihres jeweiligen Landes haben können. Diese Tatsache stützt sich in Deutschland in erster Linie auf die besonders gute demokratische Legitimität des Präsidenten und in Frankreich auf den parlamentarischen Wahlsieg des Präsidenten. Der Bundespräsident kann seine durch die Verfassung eingeräumten Befugnisse am meisten politisch nutzen, wie das Grundgesetz es zulässt, und der französische Präsident der Republik sie am weitesten überschreiten. In Deutschland bleibt der Bundeskanzler der politische Chef des Landes, wogegen in Frankreich der Präsident es wird und der Premierminister dem Staatsoberhaupt dementsprechend in allem untergeordnet wird. Der politische Chef in Frankreich, also der Staatspräsident, kann den Rücktritt des Premierministers nach eigenem Gutdünken jederzeit fordern. Beide Präsidenten vertreten ihr jeweiliges Land im Ausland, aber nur der französische kann Entscheidungen ohne vorherige Rücksprache mit der Regierung zu Hause treffen. Die deutsche und die französische Verfassungen sehen verschiedene Gegenzeichnungspflichten vor – in Frankreich ist dies aber immer nur reine Formalität. In beiden Ländern kann der Staatspräsident frei entscheiden, wie er seine Reden gestaltet. Sowohl in Deutschland als auch in Frankreich kann der Präsident die Annahme von verfassungsrechtlich fraglichen Gesetzen beeinflussen. In Deutschland wird der Bundespräsident, falls er der Regierung nahe ist, sein Prüfungsrecht restriktiv verstehen und handhaben beziehungsweise im gegenteiligen Fall sein Prüfungsrecht extensiv verstehen und streng anwenden. In Frankreich wird der Präsident der Republik normalerweise nie den Verfassungsrat zum Zwecke einer verfassungsrechtlichen Überprüfung des Gesetzes anrufen, denn kein Gesetzentwurf wird ohne sein vorheriges Einverständnis so weit gekommen sein. In Deutschland hat der Staatspräsident die Möglichkeit, vorgezogene Neuwahlen zu verhindern; in Frankreich kann er sie nicht nur verhindern, sondern sie sogar jederzeit stattfinden lassen (mit der einzigen Einschränkung, dass er keine neue Auflösung innerhalb eines Jahres nach diesen vorgezogenen Neuwahlen anordnen darf). So sehr die Verfassungsrechtsprechung eine entscheidende Rolle in Deutschland spielt, ist sie in Frankreich völlig abwesend[394]. Jedenfalls soweit der Bundespräsident keine Oppositionsrolle an der Spitze des Staates einnimmt, sind beide Staatschefs auf dem Laufenden in der nationalen Politik wegen ihrer Präsenz im Ministerrat (im deutschen Falle mittels des Chefs des Bundespräsidialamtes); der französische aber schon, weil er sie entschieden hat. Zumindest in groben Zügen wird aber auch der Bundespräsident immer über der nationalen Politik Bescheid wissen.[395] In Deutschland hat der Bundeskanzler nur im Verteidigungsfall die Befehls- und Kommandogewalt über die Streitkräfte inne. Der Bundespräsident hat sie nie. In Frankreich ist es im Rahmen der traditionellen Situation eindeutig, dass der Präsident immer entscheidet.

5) Im Falle eines demokratisch besser gewählten Bundespräsidenten und einer Kohabitation in Frankreich

In solch einer Situation ähneln sich die Machtbefugnisse des deutschen Präsidenten und des Regierungschefs am meisten mit denen ihrer französischer Amtskollegen. Diese Tatsache stützt sich in Deutschland in erster Linie auf die besonders gute demokratische Legitimität des Präsidenten und in Frankreich auf die parlamentarische Wahlniederlage des Präsidenten. Soweit der Bundespräsident nicht regierungsnah ist, können die Staatsoberhäupter beider Länder nur eine Oppositionsrolle an der Spitze des Staates einnehmen, wogegen die nationale Politik durch die Regierungschefs entschie-

394 Wegen der Kompetenzlücke des Verfassungsrates bezüglich des Verhältnisses zwischen dem Präsidenten und dem Regierungschef, s. S. 65.

395 S. S. 62 f.

den wird. Naturgemäß kann im Rahmen einer Kohabitation der französische Präsident den Rücktritt des Premiers nicht fordern. Beide Staatschefs besitzen trotz ihrer bloßen Oppositionsrolle ein beträchtliches Störungspotenzial. Sowohl in Deutschland als auch in Frankreich kann der Präsident das Annehmen von verfassungsrechtlich fraglichen Gesetzen beeinflussen. In Deutschland wird der Bundespräsident, falls er der Regierung nahe steht, sein Prüfungsrecht restriktiv verstehen und handhaben beziehungsweise im gegenteiligen Fall sein Prüfungsrecht extensiv verstehen und streng anwenden. In Frankreich kann der Präsident der Republik den Verfassungsrat zum Zwecke einer verfassungsrechtlichen Überprüfung des Gesetzes anrufen. Die deutsche und die französische Verfassung sehen verschiedene Gegenzeichnungspflichten vor. In Frankreich ist diese Frage sehr wichtig. Die meisten Befugnisse des Präsidenten erfordern das Einverständnis (mittels der Gegenzeichnung) des Regierungschefs (also des politischen Gegners). Außerdem können die halbwegs dem Präsidenten zugewandten Minister ihre Gegenzeichnung dem Premier in den gegebenen Fällen weigern.[396] In beiden Ländern kann der Staatspräsident frei entscheiden, wie er seine Reden gestaltet. Die Staatsoberhäupter beider Länder repräsentieren ihr Land im Ausland und ratifizieren Verträge, doch können sie nicht verhandeln. Das französische Staatsoberhaupt kann jedoch in wenigen Fällen bedingt zu den Themen des „reservierten Fachgebietes“ im engsten Sinne (Sicherheits- und Außenpolitik) verhandeln.[397] In Deutschland hat der Staatspräsident die Möglichkeit, vorgezogene Neuwahlen zu verhindern; in Frankreich kann er sie nicht nur verhindern, sondern sie sogar jederzeit stattfinden lassen (mit der einzigen Einschränkung, dass er keine neue Auflösung der Nationalversammlung innerhalb eines Jahres nach diesen vorgezogenen Neuwahlen anordnen darf), was er wahrscheinlich auch tun wird, sobald etwa die Meinungsumfragen für ihn günstig ausfallen. So sehr die Verfassungsrechtsprechung eine entscheidende Rolle in Deutschland spielt, ist sie in

[396] S. S. 36 f. i.V.m. S. 77.

[397] Cf. S. 77.

Frankreich völlig abwesend[398]. Jedenfalls soweit der Bundespräsident keine Oppositionsrolle an der Spitze des Staates einnimmt, sind beide Staatschefs auf dem Laufenden in der nationalen Politik wegen ihrer Präsenz im Ministerrat (im deutschen Falle mittels des Chefs des Bundespräsidialamtes). Über den Entscheidungsprozess weiß der französische Präsident gegebenenfalls noch weniger als sein deutscher Amtskollege, denn der Premierminister kann dies in einen Kabinettsrat vorverlagern.[399] Zumindest in groben Zügen wird der Bundespräsident in jedem Falle über die nationale Politik Bescheid wissen.[400] In Deutschland hat der Bundeskanzler nur im Verteidigungsfall die Befehls- und Kommandogewalt über die Streitkräfte inne. Der Bundespräsident hat sie nie. In Frankreich ist es im Rahmen der Kohabitation strittig. Fest steht, dass der französische Präsident über die Atomwaffe verfügt und in Fällen absoluten Notstandes (vergleichbar zu Artikel 48 WRV) der Chef ist.[401] In beiden Ländern soll der Präsident der Republik Ernennungen und Gesetze unterschreiben. In beiden Ländern haben sie dabei zuzüglich zum deutschen Prüfungsrecht und dem französischen Verfassungsratsanruf keinen Spielraum, um ihre Unterschrift zu verweigern. Doch ausgerechnet im Land des Rechts, wie Frankreich auf Chinesisch buchstäblich genannt wird („Fa Guo"), ist die präsidiale Praxis bedenklich oft durch verfassungswidriges Fehlverhalten gekennzeichnet. Dies ist deshalb möglich, weil der Verfassungsrat nicht angerufen werden kann und folglich nur eine Amtsenthebung als Sanktion möglich ist. Gesetze haben Kohabitationspräsidenten bis jetzt aber immer unterzeichnet. In Deutschland könnte sich der Bundespräsident ein solches Verhalten wegen des immer offenen Weges nach Karlsruhe nicht erlauben.[402] Demzufolge kann auch der französische Präsident während einer Kohabitation den Regierungschef nicht daran hindern, das Land zu steuern, aber er kann es ihm

398 Wegen der Kompetenzlücke des Verfassungsrates bezüglich des Verhältnisses zwischen dem Präsidenten und dem Regierungschef, s. S. 65.

399 S. S. 95.

400 S. S. 62 f.

401 S. S. 90 ff.

402 S. schon S. 107.

bedeutend schwerer machen als sein deutscher Amtskollege in Deutschland.

C) Gegenseitige Haltung während der bloßen Weiterführung der Geschäfte

I) Geschäftsführender Präsident

1) In Deutschland

Die Befugnisse des Bundespräsidenten werden gemäß Artikel 57 GG bei vorzeitiger Erledigung des Amtes durch den Präsidenten des Bundesrates wahrgenommen. Eine geschäftsführende Präsidentschaft ist bis heute zweimal vorgekommen. 2010 nach dem Rücktritt Köhlers und 2012 nach dem Rücktritt Wulffs übten die jeweiligen Bundesratspräsidenten Böhrnsen[403] und Seehofer[404] dieses Amt aus. Mangels an ausdrückliche oder impliziten[405] grundgesetzlichen Einschränkungen kann der geschäftsführende Bundespräsident jedenfalls *de jure* alles wie ein gewählter Bundespräsident entscheiden. Seine faktische Kompetenzfülle und sein Verhältnis zum amtierenden Bundeskanzler wären eher mit denen eines traditionell gewählten Bundespräsidenten zu vergleichen.

---

403 S. *von Lucius, Robert,* Kommissarischer Bundespräsident, Jens Böhrnsen – Der Stille aus dem Norden, 2010, abrufbar unter: http://www.faz.net/aktuell/politik/bundespraesidentenwahl/kommissarischer-bundespraesident-jens-boehrnsen-der-stille-aus-dem-norden-1984153.html (Stand: 18.06.2018).

404 S. *Guyton, Patrick,* Bundespräsident, Einmal darf Horst Seehofer „Cäsar" sein, 2012, abrufbar unter: https://www.tagesspiegel.de/politik/bundespraesident-einmal-darf-horst-seehofer-caesar-sein/6225152.html (Stand: 18.06.2018).

405 Einschränkungen etwa aus dem Demokratieprinzip sind nicht anzuerkennen, s. *Pieroth, Bodo,* in: Jarass/Pieroth, GG, 14. Aufl., 2014, Artikel 58 Rn. 2.

2) In Frankreich

Im Falle der Vakanz des Amtes des Präsidenten der Republik werden gemäß Artikel 7 Absatz 4 frz. Verfassung seine Befugnisse, ausgenommen diejenigen nach Artikel 11 und 12, vorläufig vom Präsidenten des Senats wahrgenommen. Wegen der ausdrücklich genannten Einschränkungen (Artikel 11 betrifft bestimmte Volksabstimmungen und Artikel 12 die Auflösung der Nationalversammlung) macht die französische Verfassung deutlich, dass der Präsident ansonsten über alles entscheiden darf. Eine geschäftsführende Präsidentschaft ist bis heute zweimal vorgekommen; 1969 nach dem Rücktritt De Gaulles und 1974 nach dem Tode Pompidous übte der damalige Senatspräsident Poher dieses Amt aus.[406] Die faktische Kompetenzfülle und das Verhältnis eines geschäftsführenden Präsidenten zum amtierenden Premier wären eher mit denen eines willigen Präsidenten in einer Kohabitationszeit zu vergleichen.

3) Gemeinsamkeiten und Differenzen

Sowohl in Frankreich als auch in Deutschland hat eine geschäftsführende Präsidentschaft schon mehrmals stattgefunden. Eine solche Situation hat aber kaum Einfluss auf die Regierungsfähigkeit des Landes. *De jure* können die geschäftsführenden Präsidenten in beiden Ländern ohnehin alles (beziehungsweise in Frankreich fast alles) entscheiden. Zudem werden in Deutschland die richtungsweisenden und folgenträchtigen Entscheidungen ohnehin durch die Regierung getroffen und in Frankreich ist dies problemlos mit der Praxis der Kohabitation möglich (unter Umständen gab es schon vor dem Eintritt der präsidialen Geschäftsführung eine Kohabitation).

---

406 S. *Elysée*, Alain Poher (1909-1996), o.A., abrufbar unter: http://www.elysee.fr/la-presidence/alain-poher-1909-199/ (Stand: 18.06.2018); zudem könnte René Coty noch genannt werden, weil er formell Präsident der Republik war bis zur Wahl und darauffolgenden Amtsantritt De Gaulles, s. *Elysée*, René Coty (1882-1962), o.A., abrufbar unter: http://www.elysee.fr/la-presidence/rene-coty/ (Stand: 18.06.2018).

II) Geschäftsführender Regierungschef

1) In Deutschland

Auf Ersuchen des Bundespräsidenten ist der Bundeskanzler, auf Ersuchen des Bundeskanzlers oder des Bundespräsidenten ein Bundesminister verpflichtet, die Geschäfte bis zur Ernennung seines Nachfolgers weiterzuführen (s. Artikel 69 Absatz 3 GG). Sollte der Bundespräsident eine geschäftsführende Bundesregierung ohne sehr triftigen Grund nicht ernennen wollen, würde er eine berechtigte Klage beim Bundesverfassungsgericht riskieren.[407] Tritt der Kanzler zurück, so ist der Vizekanzler (s. Artikel 69 Absatz 1 GG) Adressat des Ersuchens. So geschah es 1974, als Willy Brandt zurücktrat. Am 7. Mai 1974 überreichte Bundespräsident Heinemann die Entlassungsurkunden an die Mitglieder der Regierung Brandt und ersuchte den bisherigen Vizekanzler Scheel, die Geschäfte bis zur Wahl eines Nachfolgers weiterzuführen (am 16. Mai 1974 wählte der Bundestag dann Helmut Schmidt zum neuen Bundeskanzler).[408] Im Normalfall sollte die ausgehende Regierung der geschäftsführenden entsprechen.[409] Bezüglich bestimmter Bundesminister können der Bundespräsident und der Bundeskanzler gegebenenfalls sogar gegen den erklärten Willen des anderen das Geschäftsführungsersuchen aussprechen.[410] Den Umständen entsprechend kann

---

407 Cf. *Schnapauff, Klaus-Dieter,* in: Hömig/Wolff (Hrsg.), Grundgesetz für die Bundesrepublik Deutschland, 12. Aufl., 2018, Artikel 69 Rn. 3 („Die Stellung von Weiterführungsersuchen steht im Ermessen des Ermächtigten, das jedoch durch die Pflicht zur Sicherung der Regierungskontinuität weitgehend gebunden ist.").

408 S. *Schindler, Peter,* Datenhandbuch zur Geschichte des Deutschen Bundestages 1949 bis 1999, Band I, 1999, S. 1228.

409 S. zu verschiedenen Fragekomplexen in Bezug auf die Zusammensetzung der geschäftsführenden Regierung bis zu ihrer Ablösung *Schnapauff, Klaus-Dieter,* Die geschäftsführende Bundesregierung, VR 1983 (Heft 3), S. 77, 78 ff.

410 S. ehemaliger Präsident des Bundesverfassungsgerichtes und der Bundesrepublik Deutschland *Herzog, Roman,* in: Maunz/Dürig (Hrsg.), Grundge-

ein geschäftsführender Kanzler nicht gemäß Artikel 68 Absatz 1 Satz 1 GG die Vertrauensfrage stellen. Mangels an ausdrücklichen oder impliziten grundgesetzlichen Einschränkungen kann die geschäftsführende Bundesregierung ansonsten, jedenfalls *de jure*, alles wie eine gewöhnliche Bundesregierung entscheiden.[411] Bis nach der Bundestagswahl 2017 hat sich die Frage bezüglich des Verhältnisses zwischen Präsident und Kanzler mangels praktischer Relevanz kaum beziehungweise nicht gestellt. Zwar dauerte die Regierungsbildung im Jahre 2013 lange wie nie zuvor, aber einerseits war sie noch vor Weihnachten abgeschlossen[412] und andererseits war es fast nur eine Frage der Zeit, bis die neue Regierung stehen würde[413]. 2017 und 2018 haben während der Monate der geschäftsführenden Bundesregierung sowohl der Bundespräsident als auch die amtierende Bundeskanzlerin eine Situation gemeinsam meistern müssen, die in Deutschland ganz neu war. Beide mussten im Spannungsfeld zwischen ihren verfassungsmäßigen Pflichten gegenüber dem deutschen Volke und den Geboten des nationalen und internationalen Alltags handeln. Diese besondere Zeit ist selbstverständlich Gegenstand jetziger rechtswissenschaftlicher Analysen. Jedoch war diese nicht vorhergesehene Konstellation des politischen Lebens in Deutschland ein Novum, das in der Fachliteratur noch behandelt werden muss.[414] Mit mehr im Bundestag vertretenen Parteien ist zu erwarten, dass die Regierungsbildungen schwerer werden und

---

setz, Stand: 81. Ergänzungslieferung 2017, 2017, Artikel 69 Rn. 51; a.A. z.B. *Lutz, Rudolf*, in: Die Geschäftsregierung nach dem Grundgesetz, Diss., 1969, S. 81 („Zuständig für das Ersuchen an die Minister ist der Bundeskanzler, der Bundespräsident nur dann, wenn kein Bundeskanzler, auch kein geschäftsführender, vorhanden ist").

411 S. *Groß, Rudof*, Zur geschäftsführenden Regierung, DÖV 1982 (Heft 24), S. 1008, 1018.

412 S. S. 22.

413 Cf. *CDU/CSU-Fraktion im Deutschen Bundestag*, CDU/CSU und SPD wollen Koalitionsverhandlungen beginnen, 2013, abrufbar unter: https://www.cducsu.de/themen/parteien/cducsu-und-spd-wollen-koalitionsverhandlungen-beginnen (Stand: 18.06.2018).

414 Eine intensive Recherche in zahlreichen rechtswissenschaftlichen Zeitschriften verlief bis Anfang Mai 2018 ergebnislos.

somit Amtszeiten geschäftsführender Regierungen verlängert werden.[415]

2) In Frankreich

In der französischen Verfassung ist der Fall einer geschäftsführenden Regierung nicht vorgesehen. Die Relevanz ist auch praktisch gleich null, denn es vergehen nur Tage zwischen der Wahl des neuen Präsidenten und der Ernennung des neuen Premierministers und der darauffolgenden Regierung. Die Regierung tritt gemäß republikanischer Tradition sofort bei der Wahl eines neuen Präsidenten und nicht erst bei seinem gemäß Artikel 7 Absatz 3 frz. Verfassung innerhalb von zehn Tagen stattfindenden Amtsantritt zurück.[416] Gemäß republikanischer Tradition bittet der ausgehende Präsident gleichzeitig mit der Annahme des Rücktritts die zurücktretende Regierung um die Weiterführung der Geschäfte, was sie wiederum annimmt.[417] Der neue Präsident behält die geschäftsführende Regierung seines Vorgängers bis er die neue ernennt. Bis heute hat dieses Verfahren reibungslos funktioniert, obwohl manchmal *de facto* für wenige Tage eine Kohabitation stattfand.

3) Gemeinsamkeiten und Differenzen

Als Gemeinsamkeit kann festgehalten werden, dass die ausgehende Regierung mit der geschäftsführenden Regierung weitestgehend beziehungsweise komplett gleich ist. Als grundsätzliche Differenz, die Dauer: In Frankreich dauert die geschäftsführende Regierung immer nur ein paar Tage, wogegen sie in Deutschland schon fast ein

---

415 S. *Schemmel, Jakob,* Die geschäftsführende Bundesregierung, NVwZ 2018, 105, 105.

416 S. jedoch zu einer abweichenden Praxis im Falle eines schon geschäftsführenden Präsidenten S. 41.

417 S. *Gouvernement,* Démission du gouvernement [Rücktritt der Regierung], 2017, abrufbar unter: http://www.gouvernement.fr/demission-du-gouvernement (Stand: 18.06.2018).

halbes Jahr hat dauern können. Ergo stellen sich in Frankreich kaum Fragen bezüglich der Rechte und Pflichten der geschäftsführenden Regierung gegenüber dem Präsidenten (sowie *vice versa*).

III) Gleichzeitig stattfindende bloße Weiterführung der Geschäfte

Sowohl in Deutschland als auch in Frankreich hat sich eine solche Konstellation bisher noch nie ergeben. Es wurde in beiden Ländern tatsächlich immer versucht, eine derartige Situation zu vermeiden.[418] Würde ein solcher Fall künftig vorkommen, so sollten das Staatsoberhaupt und der Regierungschef versuchen, Entscheidungen größerer Tragweite aufzuschieben und sich möglichst konfliktfrei zu verhalten, insbesondere in ihrem Verhältnis zueinander. Für eine andere Handhabung fehle nämlich das demokratische Mandat.

---

418 S. S. 41.

Fazit

Sowohl in Deutschland als auch in Frankreich wird der Präsident manchmal mit einem Monarchen verglichen. Jedoch ist Vorsicht geboten. Wer in Deutschland vom Staatsoberhaupt als demokratischem Monarchen spricht, denkt an heutige parlamentarische europäische Monarchen. Wenn aber in Frankreich vom Staatsoberhaupt als republikanischem Monarchen die Rede ist, dann wird eher an den Absolutismus des *Ancien Régime* erinnert. Den Verfassungen zufolge ist der Regierungschef in beiden Ländern die entscheidende Kraft. Vom Anfang an hat sich jedoch in Frankreich eine heute traditionell gewordene Situation entwickelt, wonach der Präsident diese Rolle einnimmt. In Deutschland könnte der Präsident zwar eine mächtigere Rolle einnehmen, aber niemals könnten seine Befugnisse mit denjenigen seines französischen Amtskollegen vergleichbar werden. Deutschlands Verfassung und Praxis sind parlamentarisch. Im Gegensatz dazu besitzt Frankreich eine Verfassung, zwei mögliche Varianten und die Urnenergebnisse bestimmen welches gelten soll.[419] Das französische Regime ist entweder parlamentarisch oder präsidial.[420] Im Falle der Übereinstimmung der präsidialen und parlamentarischen Mehrheit führt die institutionelle und politische Autorität des Präsidenten gegenüber dem Premier zu einer präsidialen Praxis. Im gegenteiligen Fall wird durch die *de facto*-Durchsetzung des Premiers gegenüber dem Präsidenten eine parlamentarische Praxis ermöglicht.[421] Insofern erscheint die Bezeich-

---

[419] S. *Gicquel, Jean/Gicquel, Jean-Éric,* Droit constitutionnel et institutions politiques [Verfassungsrecht und politische Institutionen], 31. Aufl., 2017, Rn. 961.

[420] S. *Cohendet, Marie-Anne,* Droit constitutionnel, Conseils de méthodes, Sujets d'examens et exercices corrigés [Verfassungsrecht, Methodologische Ratschläge, Prüfungsthemen und korrigierte Übungen], 3. Aufl., 2017, Rn. 1174.

[421] S. *Portelli, Hugues,* Droit constitutionnel, À jour des élections présidentielle et législatives 2017 [Verfassungsrecht, Bis einschließlich Präsidentsschaftswahlen und legislative Wahlen 2017], 12. Aufl., 2017, Rn. 222.

nung des französischen Verfassungssystems als semi-präsidial[422] als sehr treffend – ebenso könnte man es semi-parlamentarisch beschreiben.

Der *Spiritus Rector* der Fünften Republik war sich im Übrigen, ohne ein Komparatist zu sein, der Relativität der notwendigen Inhalte einer Verfassung bewusst. Er erklärte nämlich schon 1946 in seiner Grundsatzrede von Bayeux: « Griechen fragten einst den weisen Solon: „Welche Verfassung ist die beste?" Er antwortete: „Sagen Sie mir, zuerst, für welches Volk und zu welcher Zeit?" ».[423]

---

422 S. *Assemblée nationale*, Fiche de synthèse n° 1: Présentation synthétique des institutions françaises [Synthesebogen Nr. 1: Synthetische Präsentation der französischen Institutionen], 2017, abrufbar unter: http://www2.assemblee-nationale.fr/decouvrir-l-assemblee/role-et-pouvoirs-de-l-assemblee-nationale/les-institutions-francaises-generalites/presentation-synthetique-des-institutions-francaises (Stand: 18.06.2018).

423 S. *De Gaulle, Charles*, Discours et Messages [Reden und Mitteilungen], Band II, Dans l'attente 1946-1958 [In der Erwartung 1946-1958], 1970, S. 10.

Zeitfracht Medien GmbH
Ferdinand-Jühlke-Straße 7
99095 Erfurt, Deutschland
produktsicherheit@kolibri360.de